零概念也能樂在其中！
真正實用的心理學知識

有趣的

生活
心理學

立正大學名譽教授
齊藤 勇／監修

陳娴君／譯

前 言

「心」究竟為何物呢？

人人皆有一顆心。人會透過心靈來感受、發想、思考與追求想要的事物。每個人的心都不一樣，沒有一個人和別人擁有完全相同的心。

然而，每個人明明都不一樣，有時卻會喜歡同樣的事物或有相同的興趣喜好等等，彼此的思考與感受，簡直就像擁有同一顆心般無比契合。

換言之，人的心是具有共通性的。而釐清這些共通性＝剖析人類內心機制的，就是心理學這門學問。

只不過，聽到心理學家闡述「第一印象很重要」、「常見面會日久生情」等說法時，或許會有讀者認為「這種事我早就從經驗得知了」、「莫非心理學是研究感覺的學問？」心理學的困難之處就在於，心是肉眼看不見，手又摸不到的。因此，欲探究內心，只能從觀察人們的行為做起。

所以心理學家才會不厭其煩地反覆進行相關的實驗與調查活

動，以進行心理分析。透過這些成果的累積，心理學才能針對「人的心具有這樣的特性」提出合乎邏輯的說明。

　　本書彙整了時至今日所累積下來的心理學研究，盡可能以淺顯易懂的方式進行說明，並搭配豐富的插畫與圖解，期盼能讓毫無心理學知識的讀者也能讀得津津有味。我想，應該也有很多人對心理學感興趣，想要「好好學習一番」，卻因為專業書籍出現太多專業術語，而覺得「好難」吧？為了幫這些讀者創造接觸心理學的契機，本書介紹了多則心理測驗，以及透過益智問答學習知識的特輯，希望大家能加以活用並樂在其中。

　　衷心期盼讀者能透過本書，更加提升對心理學的理解與興趣。

立正大學名譽教授　齊藤 勇

目次

¥10,000
50%
OFF

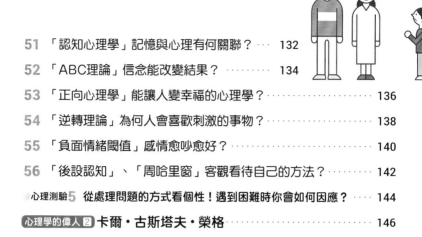

第 **3** 章 還想知道更多！心理學的各種機制與技巧 147 ▼ 215

第 **1** 章

通通想知道！
心理學的
大小事

解讀我們內心機制的「心理學」，究竟有何效用與理論呢？
本章針對各種常聽到的用語所代表的意義，
以及如何對人們產生實際影響進行解說，
帶領大家從各方面廣泛地接觸心理學的世界。

01 「心理學」究竟是什麼？
[基礎] 與腦科學有何不同？

原來如此！ 心理學是以**實驗、統計學的方法**進行調查！
腦科學是從**化學、物質的角度**進行調查！

「心理學」究竟是什麼呢？

心理學是**查明心理機制的學問**。我們雖然無法直接看到心，但人的行為必然會受到「心」所左右。換句話說，**透過觀察、測定可見的行為，運用科學手法來探究引發該行為的「心理」，就是這門學問的核心**。

心理學與**「腦科學」**有許多共通點，有時也會研究相同的主題。然而，心理學是以**「實驗、統計學的方法」**來調查心理機制，相對於此，腦科學則是從**「化學、物質的角度」**來分析腦這個器官。因此兩者之間存在著明顯的差異〔**圖1**〕。

自古以來，研究者不斷嘗試解開心理機制的神祕面紗。例如，柏拉圖與亞里斯多德等古希臘哲學家，也曾研究過心理機制。然而，他們所導出的心理理論，乃是**基於個人經驗與思想的產物**。

透過實驗與觀察等科學方法來探究人類心理的**「近代心理學」**，一般認為是在1870年代，由德國萊比錫大學的心理學家威廉・馮特（Wilhelm Maximilian Wundt）創設了**「心理學實驗室」**後才正式問世。也就是說，近代心理學至今僅有150年左右的歷史〔**圖2**〕。

心理學的特性 與 誕生的歷史

▶ 心理學與腦科學的差異〔圖1〕

心理學 以實驗、統計學的方法查明心理機制。

腦科學 研究腦這個器官，以查明腦的作用機制。

100人中，一共有68人回答是！

回答是的人，腦中會產生變化！

▶ 近代心理學的誕生〔圖2〕

一般認為近代心理學的歷史大約為150年。

古希臘

肉體會消失，但心靈是永久不滅的！

心是生命活動的原理！

柏拉圖

亞里斯多德

根據哲學家的經驗與思想來探究心理機制

1870年代的德國

將心理學從哲學劃分出來，透過實驗進行調查！

馮特

近代心理學的誕生

02 [基礎] 心理學有哪些類別與領域？

原來如此！ 可大致分為基礎心理學與應用心理學，在這兩大類別中又再區分成各種領域！

心理學認為**知覺、記憶、學習、思考、情感、需求等反應皆源自內心所產生的作用**。而且每個作用都可以透過觀察與實驗來查明。

心理學這門學問含括了各式各樣的領域，可大致分為「**基礎心理學**」與「**應用心理學**」兩大類〔**右圖**〕。

基礎心理學主要是**研究奠定心理學基礎的「心理法則」**，像是研究知覺與記憶等人類認知功能的「認知心理學」、研究各年齡階段心理發展機制的「發展心理學」，以及研究人在團體內各種行為的「社會心理學」（➡P116）等，研究方法則以實驗為中心。

應用心理學則是**運用基礎心理學研究所得到的法則，處理各種實際發生的問題**。舉例來說，為心理疾病患者提供相關治療的「臨床心理學」、研究犯罪與心理關係的「犯罪心理學」、促進產業效率化的「產業心理學」等等。其他還有「災害心理學」、「運動心理學」、「教育心理學」等，擴及各種領域，而且**愈發趨向專業化與細分化**。

近年來，商品開發、市場行銷、宣傳、銷售等**商業活動亦廣泛運用心理學原理**。

▶ 基礎心理學與應用心理學

心理學可大致分為基礎心理學與應用心理學。

基礎心理學
- 研究有關心理學基礎的「心理法則」。
- 觀察人的反應等之後，以實驗研究為中心。

認知心理學 研究知覺、認知、記憶等人類認知功能。

發展心理學 研究各年齡階段的心理發展機制。

社會心理學 研究人在團體內的行為。

學習心理學 研究經驗改變行為的過程。

人格心理學 研究人的性格。

等等

應用心理學
- 運用基礎心理學研究所得到的法則，處理各種實際問題。
- 橫跨各種領域，趨向專業化、細分化。

臨床心理學 旨在解決心理問題。

犯罪心理學 研究犯罪與心理的關係。

產業心理學 促進產業（工作）效率化。

災害心理學 研究災害發生時的恐懼與不安心理。

運動心理學 研究從事體育活動時的心理課題。

教育心理學 旨在解決教育問題。

商業心理學 研究市場行銷等的商品銷售方法。

等等

畫樹看個性。
你的心理狀態為何？

請準備一張白紙，在心裡想像一棵樹並畫在紙上。這是心理學家科赫（Charles Koch）所提出的知名深層心理測驗。

樹…？

測驗結果

樹木大小

◆ **畫出占滿畫面篇幅的大樹者**

→ 個性積極，屬於自我主張較強的類型

◆ **畫出低於畫面4成篇幅的小樹者**

→ 個性消極，屬於自卑感或不安感較強的類型

樹幹粗細

◆ **畫出粗樹幹者** ➡ 屬於充滿活力的類型

◆ **畫出細樹幹者** ➡ 有無力感，屬於缺乏自信的類型

樹冠

◆ **畫出大樹冠者** ➡ 具有遠大的目標，屬於自我評價較高的類型

◆ **仔細畫出一片片葉子者** ➡ 喜歡美化自己，屬於認同需求較強的類型

◆ **畫出稀疏樹枝者** ➡ 對外界封閉內心，屬於容易陷入孤獨狀態的類型

〔解說〕

　　這是名為**「畫樹（Baum Test）」**的心理測驗。原文的Baum在德文中代表「樹木」之意，此乃心理學家科赫所發明的性格投射法，**透過畫樹投射出作畫者的心理狀態**。在臨床現場會進行比上述「測驗結果」更詳盡的分析，本篇僅針對一般常見的解釋做介紹。

　　首先來看樹木大小。**從樹木大小可以得知自我的平衡狀態**。若樹木比例占畫面的40%～80%左右，便代表心理處於平衡狀態。接下來則看樹幹粗細。**樹幹為樹木的中心，會投射出個人的心理活力**。若樹幹的底部較細時，可判斷作畫者正處於疲勞狀態。

　　樹冠則是反映出個人與外界的關係。畫出樹枝與樹幹比例勻稱的人，其與他人和環境之間的關係傾向良好。**畫出果實者，則是熱愛追求成果的類型**。

　　然而，也有專家指出畫樹測驗缺乏客觀性與可信度，因此自行測驗時不妨將分析結果當作參考就好。

03 [工作] 何種方法最能有效提升做事的動力？

原來如此！ 透過**內在動機**加深對工作本身的興趣乃是關鍵所在。**宣示理想與目標**，效果會更好！

是否有能夠提升工作等動力的方法呢？在心理學中，將做事動力稱為**「動機（motivation）」**，而且可再分為**「外在動機」**與**「內在動機」**。

外在動機指的是，採取行動的理由來自金錢、物品、賞罰或評價等外在因素。內在動機指的則是，採取行動的理由源自內心所湧現的興趣與好奇。一般認為，**內在動機的效果會比較持久**。換言之，對工作本身有強烈興趣的人，會比薪水或升遷更能維持動力〔**圖1**〕。

話雖如此，要培養內在動機並非易事。此時，**不妨對外宣示自身的目標或理想，藉此影響潛意識**。在心理學中，將此方法稱為**「自我肯定（Self-affirmation）」**。在人前做出宣言的效果最好，不過喃喃自語、寫日記也能收到成效。

刻意在中途停止作業，或是提前先做一點明天的工作也有同樣的效果。這是因為相較於已經完成的事物，人對於未完成的事物會更感興趣。這稱之為**「柴嘉尼效應（Zeigarnik Effect）」**，會令人產生「把這件事做完」的衝勁〔**圖2**〕。

「動力開關」啟動法

▶ 源自「內在」的動機效果較好〔圖1〕

外在動機

行動源自報酬、評價、環境等要素。

> 店內的營業額是比上個月多沒錯……

內在動機

行動源自內心的求知欲、好奇心等要素。

> 我想做出更好吃的拉麵！

↓

當報酬或評價無法持續時，便難以保持動力……

↓

找到工作價值，較容易保持動力！

▶ 提升動力的技巧〔圖2〕

> 我要做出極品！

> 我要變有名！

自我肯定

對外宣示自身的目標或理想等，藉此影響潛意識，令自己奮發向上。

柴嘉尼效應

利用「人會對未完成的事物產生強烈興趣」的特性，刻意在中途停止作業。

04

喜歡的是跟自己很像的人？或是跟自己不像的人？

原來如此！ 人往往會喜歡**外貌與自己相似的對象**。
不過，**個性上會跟自己不像的人**比較合拍！

你會喜歡與自己相似的人？或是跟自己不像的人？心理學認為**人往往會喜歡外貌與自己相似的人**，並將此稱為**「配對假說（Matching Hypothesis）」**。

當對方外表出眾，魅力四射時，相信應該有很多人會覺得「自己大概配不上對方……」而決定不表白吧。而且希望與容貌條件比自己差的對象交往的人可能很少。結果，許多人在無意識間選擇了應該會接受自己告白的對象，因而產生了眾多**「彼此相似」**的情侶〔**圖1**〕。

然而，實際上也有像「美女與野獸」這樣的組合。像這種情況，**往往並非基於外貌，而是含括其他要素**，例如經濟能力或社會地位等條件，**讓彼此感到相互「匹配」**。舉例來說，外表乏善可陳，也沒有經濟能力或社會地位，但溫柔體貼又充滿知性的話，當然也有可能獲得高不可攀的對象青睞。

另一方面，人會**強烈地受到性格和內在與自己截然不同的人所吸引**。社會學家溫奇（Robert F. Winch）曾針對結婚後的伴侶進行調查，得到的結果是，感情融洽的伴侶能以「彼此所欠缺的部分」形成互補的關係。這稱之為**「需求互補理論」**〔**圖2**〕。

外貌要「匹配」、性格要「互補」

▶ 配對假說〔圖1〕

由心理學家畢絲區德（Ellen Berscheid）等人所提倡的理論，認為人選擇伴侶時，偏好容貌與自身相似的對象。

配對假說的應用

與意中人的外型相近時，比較容易成為戀愛對象。舉例來說，對方如果戴眼鏡的話，自己也可仿效，或是與對方做出類似的穿著打扮也有一定的效果。此外，不光是外貌因素，有時還包含了學歷、經濟能力或社會地位等其他條件，而讓兩人感到「彼此很匹配」。

▶ 需求互補理論〔圖2〕

當對方具有自己內在所欠缺、不足的部分時，就會強烈受到吸引的理論。相似的情侶雖然會深受彼此吸引，但關係不見得能長久。

有助於維持良好的關係！

個性開朗又急性子的男性

個性內向又溫吞的女性

05
[工作]

能讓對方留下好印象？
「初始效應」、「月暈效應」

原來如此！ 心理學證實，第一印象與突出的特色是相當重要的！

人總是希望能讓對方覺得自己是個「有能力的人」。那麼，該怎麼做才能讓對方產生好印象呢？

首先，**初次見面**相當關鍵。從心理學研究已得知，**第一印象直到日後仍能發揮極大的影響**，這稱之為**「初始效應」**。

心理學家阿希（Solomon Eliot Asch）曾做過一項實驗，將某位人物的幾項性格特徵描述給不認識此人的受試者聽，接著請受試者評定對此人的印象。實驗結果發現，最初所描述的性格特徵會對印象形成造成極大的影響〔**圖1**〕。由此可知，初次見面時服裝儀容應力求整潔，尤其必須多加留意說話的方式。

此外，**若有一項突出的特色時，予人的整體印象就會大為不同**。舉例來說，畢業於知名大學、在大企業任職，就會令人在無意識間給予高評價，這稱之為**「月暈效應（光環效應）」**。研究指出，成見或先入之見（**刻板印象**➡P217）較強的人，更容易受到月暈效應的影響〔**圖2**〕。向對方提及自己所擁有的特殊證照或才藝，或許就能讓對方留下「這人真有兩下子」的印象。

第一印象會決定自身予人的形象

▶ 初始效應實驗〔圖1〕

阿希將某位人物的性格特徵念給分成2組的受試者聽。2組所聽到的順序則是相反的。

對A組所念出的順序

- 充滿知性
- 勤奮
- 衝動
- 有批判精神
- 倔強
- 善妒

項目順序相反
清單內容相同

對B組所念出的順序

- 善妒
- 倔強
- 有批判精神
- 衝動
- 勤奮
- 充滿知性

A組人員所抱持的印象
雖有缺點但是個充滿知性的人

B組人員所抱持的印象
缺點很多，是個無法發揮能力的人

好印象！

壞印象…

▶ 月暈效應〔圖2〕

受到此人突出的特色所吸引，連帶對其他部分也會給予同等的評價。舉例來說，擁有高學歷光環的人，其整體評價也會隨之變高。

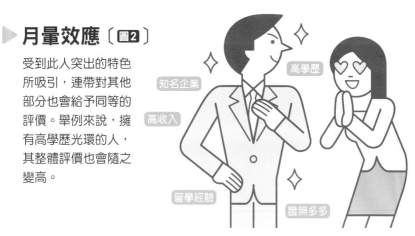

高學歷
知名企業
高收入
留學經驗
證照多多

為何有些人一握住方向盤就會性格丕變？

如同穿上制服就會表現得理直氣壯的**衣著效應**，坐上駕駛座也會令人**在無意識間變得強勢**！

　　平常個性溫和敦厚，但一握住車子的方向盤時，措辭就會充滿攻擊性，整個人變得很粗暴……不知你身邊是否也有這樣的人呢？這是一種起因於**「衣著效應（制服效應）」**的現象。

　　衣著效應指的是，身上所穿的服裝會對當事人帶來心理層面的影響，簡言之，就是**穿上制服時會表現得理直氣壯**的現象。研究指出，警察或消防員之所以勇敢，不光只是平時的訓練使然，制服所帶來的衣著效應亦發揮了一定的作用〔**圖1**〕。

　　商務人士穿西裝、醫師穿白袍、運動選手穿制服皆是利用衣著效應的實例。近年來在家工作的人變多，據悉工作時穿上正式的服裝，有助於提升工作效率。一坐上駕駛座就會變了個人，是因為**當事人在無意識中將自己與車子視為一體，而變得高壓強勢**的緣故〔**圖2**〕。

　　此外，人也很容易因為對方的服裝來決定是否聽取對方的意見，這也是衣著效應之一。面對衣著休閒輕便之人的請求，人們可能會加以回絕，但如果是**受到警察或消防員等穿著制服之人的委託時，很多人就會點頭同意**。有些宵小便利用這樣的心理，假扮成警察或消防員從事犯罪行為。

制服 對心理所帶來的影響

▶ 衣著效應的兩大面向〔圖1〕

衣著效應具有對自己產生影響，以及對他人產生影響這兩大面向。舉例來說，穿著制服的人，較容易調整成符合制服形象的心理狀態。此外，看到穿著制服的人時，觀者也會認為此人的內在合乎該制服所要求的標準。

相信他一定是個認真又勇敢的人……

對自己所產生的影響
穿上制服就會表現得威風凜凜、一絲不苟。

對他人所產生的影響
會先入為主地認為穿著制服的人是勇敢又認真的。

▶ 一握住方向盤就會變了個人的原因〔圖2〕

衣著效應　去個人化　敵意歸因偏誤

由於衣著效應的緣故，人會在無意識間將巨大又飛快的汽車與自身重疊，而變得高壓強勢。除此之外，在駕駛中會仗著其他駕駛人看不清楚自己的長相，而產生去個人化（➡P204），以及強烈的敵意歸因偏誤（➡P204）現象，認為對方的行為是出自敵意的挑釁，這些都是開車對人可能帶來的影響。

通通想知道！心理學的大小事　第1章

07 愛慕之情應該說出來嗎？還是應該藏在心裡？

原來如此！ 當人**接受**對方的好意時，就會**想有所回報**，善加利用「**好感的互惠性**」原則準沒錯。

要對意中人表明心意，其實需要勇氣。而且一旦說出口，又會擔心不知道對方是怎麼想的。

心理學認為，**當人收到對方的好意時，就會產生「必須回報同等好意」的情感**。這稱之為「**好感的互惠性**」。換句話說，藉由向對方表達好感，對方對自己產生好感的可能性也會隨之大增。

心理學家阿倫（Arthur Aron）曾以過去8個月內墜入情網的學生為對象進行調查，結果發現**有高達90％的受訪者表示，交往的契機為「被對方告白，得知對方對自己有好感的緣故」**〔**圖1**〕。

當然，如果突然對不熟的對象表白「我喜歡你」，對方肯定會產生防衛並感到不快。因此，平時就應該積極主動地與喜歡的對象互動交流，等彼此的距離拉近再來表白會比較有效。

此外，**當他人對自己好時，自己也會產生「應該有所回饋」的心理，這稱之為「互惠原理」**。這項互惠原理不僅適用於戀愛，亦被活用於各種商業行為，例如免費體驗、發放免費試用品、試喝與試吃等活動〔**圖2**〕。

收到別人的好意 會想有所回報

▶ 發生感覺的起因調查〔圖1〕

阿倫針對曾在過去8個月內墜入情網的學生做調查，以自由作答（複選）的方式，請他們回答「譜出戀曲的原因」，結果高達90％的受訪者回答「因為對方向自己表示好感」（好感的互惠性）。

經由該項調查所得的「譜出戀曲的原因」

1 好感的互惠性

2 欣賞對方的外在與內在

3 處世態度・性格的相似性

4 接近性
（經常有機會相處）

▶ 互惠原理〔圖2〕

「互惠原理」亦被積極活用於各種商業活動中。

試喝、試吃

試吃、試喝後會覺得不買點產品過意不去。

白色情人節

收到情人節禮物後，會覺得應該要回禮。

無微不至的服務

獲得愉快的消費體驗，下次還想在同一家店購買。

通通想知道！心理學的大小事 **第1章**

08 是否有能讓對方
[工作] 留下好印象的提問方式？

原來如此！ 對於高度關注自己的對象，
請活用「新近效應」在最後加深印象！

想給人好印象，透過**「初始效應」**（➡P20）把握初次見面的機會是很重要的。不過另一方面，透過研究亦可得知，**最後所接收到的資訊也會對印象的形成產生極大的影響**。

這項心理效應稱之為**「新近效應（時近效應）」**。新近效應是由心理學家安德森（Norman H. Anderson）根據模擬法庭的實驗結果所提倡的概念。這項實驗以辯方與檢方交替進行陳述的方式進行，最後得到的結果是，無論陳述的先後順序為何，陪審員都會根據最後聽到的主張內容來做判斷〔**圖1**〕。基本上，**面對不太關注自己的對象時，把握初始效應會較為有利；而對於高度關注自己的對象，運用新近效應則較易見效**。

新近效應亦被充分活用於工作現場。像是在會議、談生意、進行簡報等，若能在最後強調自己的優勢，便能讓對方留下深刻的印象。據悉在離去時深深一鞠躬，也能給對方良好的印象。

除此之外，**做筆記也可以為自己的印象加分**。做筆記能令對方覺得「受到尊敬」，對你產生好印象，並想要盡可能提供正確的資訊。這稱之為**「訪員效應」**〔**圖2**〕。

令對方留下 好印象 的技巧

▶ 新近效應實驗〔圖1〕

以實際發生的案件為基礎，安排受試者扮演檢察官、律師、陪審員，進行模擬法庭的實驗。檢察官與律師則各提出6項主張。

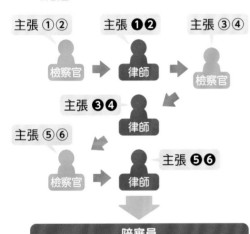

輪流陳述時

檢察官與律師輪流說出2項主張，最後則由律師發言。

主張①② → 檢察官 ➡ 主張❶❷ 律師 ➡ 主張③④ 檢察官

主張❸❹ 律師

主張⑤⑥ 檢察官 ➡ 主張❺❻ 律師

⬇

陪審員
做出有利於律師的判決

調動陳述順序時

律師先提出6項主張，接著換檢察官發表6項主張。

主張❶❷❸❹❺❻ 律師

⬇

主張①②③④⑤⑥ 檢察官

⬇

陪審員
做出有利於檢察官的判決

▶ 訪員效應〔圖2〕

這個人好認真……

一邊做筆記一邊聆聽對方說話，能為自己的印象加分。此方式對於主管或客戶等地位較高的人士特別管用，也很適用於進行會議或討論事情時。

通通想知道！心理學的大小事 **第1章**

09 [工作] 我才是比較努力的一方？「自我中心偏誤」

原來如此！ 因為「自我中心偏誤」的影響，任何人都會給自己過高的評價！

你是否曾覺得「每次都是自己吃虧……」而感到不滿呢？有時的確如此，不過在這種時候，必須特別留意是否為**「自我中心偏誤」**在作祟。

人往往會將過去的事實改寫成對自己有利的角度，也很容易認為自己的貢獻度高於他人。這在心理學上稱之為**「自我中心偏誤」**。心理學家羅斯（Michael Ross）曾以「你認為自己包辦多少家事」為題，邀請數十對夫妻協助進行調查。調查結果發現，**無論是丈夫或妻子，幾乎都認為「自己做的家事比對方所想的還多」**。研判這是由於人較容易記住自身的行為，而不太會記得他人的行動所致〔**圖1**〕。

換言之，人會在無意識中褒揚自身的行為，並低估對方的工作。**美化過去的自己**，說出「我年輕時可是很受歡迎」之類的言論，也是自我中心偏誤所造成的。一般認為，自尊心較強的人，愈容易產生自我中心偏誤。

在工作場合，若自我中心偏誤的傾向太強則會造成問題。為了避免這樣的情況，明確訂立評價基準，徹底落實**「可視化」**是相當有效的做法〔**圖2**〕。

人往往會對自己做出 過高的評價

▶自我中心偏誤實驗〔圖1〕

羅斯曾針對夫妻的家務分擔進行調查。調查內容列出了「準備早餐」、「洗碗」、「打掃」、「買菜」、「接送孩子」等20個項目，並請各對夫妻分別填寫自身的貢獻度百分比。

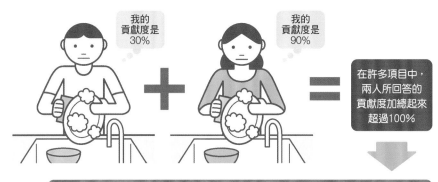

我的貢獻度是30%

我的貢獻度是90%

在許多項目中，兩人所回答的貢獻度加總起來超過100%

無論是丈夫或妻子，皆認為「自己做的家事比對方所想的還要多」！

▶自我中心偏誤所引發的問題〔圖2〕

工作方面

因薪水比同單位的其他人低而感到不滿，導致團隊工作表現變差。

解決對策
◆明確訂立評價基準
◆將成果記錄下來、數值化 等等

夫妻相處

當家事的分配不明確時，就會覺得都是自己在做牛做馬，因而引發口角。

解決對策
◆明確分配各項家務
◆互相表達感謝 等等

不妨試一試

心理測驗 2

當自己的成績正好落在平均值時，你會怎麼想？

假設你的課業或工作等成績，正好落在平均值。這時，你會怎麼想呢？

竊竊私語…

測驗結果

◆ 覺得要再努力加把勁的人

➡ 屬於動機（幹勁）較強，向上比較的類型

◆ 覺得有達到平均值就很不錯的人

➡ 屬於動機（幹勁）較弱，向下比較的類型

〔解説〕

　人往往會**在無意識間與他人比較，以便對自己的能力做出正確的評價**。這在心理學上稱為**「社會比較理論」**。而與能力比自己高的人比較叫做**「向上比較」**，與能力比自己低的人比較則是**「向下比較」** 〔**下圖**〕。

向上比較 傾向與能力比自己高的人比較。

【**性格特徵**】

◆ 具有自信，上進心強
◆ 會朝著理想而努力
◆ 容易感到受挫
◆ 高自尊
◆ 容易失去自信

向下比較 傾向與能力比自己低的人比較。

【**性格特徵**】

◆ 沒有自信，缺乏上進心
◆ 維持現狀便感到滿足
◆ 不易感到受挫
◆ 低自尊
◆ 容易產生歧視心態

　向上比較型的人有自信、上進心強，面對事物具有較高的動力。這類型的人力求自我成長，不惜付出努力，會積極地採取行動，但是**若未得到理想的成果，便會自責、被無力感包圍等等，有時會陷入在精神上將自己逼入絕境的危險。**

　向下比較型的人沒有自信、缺乏上進心，面對事物不太會產生動力。這類型的人會與能力比自己差的人比較，然後覺得「我比那傢伙好」、「我還不算太差」而感到安心，容易對現狀滿足。向下比較雖然難以促使一個人努力與成長，但**在心靈疲憊或試圖找回自信時是相當有效的。**

　重要的是，在向上比較與向下比較之間取得平衡，設定符合現實的目標並加以實踐。

10 都市人比鄉下人冷漠？

[生活]

原來如此！ 由於「旁觀者效應」，周遭的人愈多，愈不會讓人產生幫助他人的意願！

據說有些人從外地來到都市後，會覺得「都市人看到有人需要幫助也都不會伸出援手。冷漠的人似乎很多……」。就心理學的角度來看，真的有這回事嗎？

實際上，當周遭的人愈多時，愈不會讓人產生幫忙他人的念頭。這是因為即使看到有人需要幫助，也會覺得「就算自己不出面，應該也有其他人會伸出援手」的心理使然。此外，看到其他人沒有任何動作時，往往就會判斷「既然大家都沒伸出援手，就表示事態並不緊急吧」。像這樣，有旁觀者在場時，就會**引起「責任分散效應」，而這種抑制行動的心理現象則稱為「旁觀者效應」**〔**圖1**〕。

除此之外，在都市異常擁擠的電車內，人會接收到來自周遭的大量刺激，而必須處理這些龐雜的資訊。心理學家米爾格倫（Stanley Milgram）將這種資訊過多的環境稱為**「過度負荷環境」**。現已得知，**當人身處過度負荷環境時，會下意識地將自己與他人之間的交流壓到最低**。為了避免與無關之人有不必要的互動，會刻意裝作漠不關心，呈現出**「禮貌性的疏忽」**，這也是過度負荷環境下的特徵〔**圖2**〕。

人數愈多時，愈容易對他人漠不關心

▶ 旁觀者效應實驗〔圖1〕

心理學家拉坦納（Bibb Latane）和達利（John Darley）將受試者分成2人與6人的討論小組。接著在各組內安排1名人員假裝發病不舒服，並觀察其他人是否會出手搭救。

〔2人小組〕 → 另一方立刻採取行動

〔6人小組〕 → 有38%的人未採取行動

▶ 都市中的「禮貌性的疏忽」〔圖2〕

身處於擁擠不堪的電車內等過度負荷環境時，即使與他人肩碰肩或被人從背後推了一下，也不會直盯著對方看，而是假裝對彼此漠不關心。

過度負荷環境

資訊過剩到讓人處理不了的環境，例如人擠人的電車。

↓

除了必要的資訊外，一概漠視！

11 用餐時交涉談判更有利？
[工作] 「午餐技巧」

原來
如此！

吃著美味餐點，產生幸福的感覺時，
對對方的觀感也會變好！

　　想要順利完成交涉，何處會是最合適的場所？心理學認為，**在高級西式或日式餐廳一邊用餐一邊進行協商或談生意，便能得到好的結果**。這稱之為**「午餐技巧（Luncheon Technique）」**，是由心理學家拉茲蘭（Gregory Razran）所提倡的概念。

　　為什麼邊用餐邊進行交涉能順利達成共識呢？當人吃到美食，身心放鬆並感到滿足時，就會產生幸福感，對對方的觀感也因此變好，而會在無意識間做出肯定的反應。像這樣，**毫不相干的兩種現象，卻讓人產生有所關聯的錯覺，稱之為「聯結原理」**，而午餐技巧便是運用此原理的交涉手法〔**圖1**〕。約會時邀請對方在美味的餐廳用餐，或約在風景優美的地方會合，都是能有效提升自我形象的方法。

　　聯結原理不僅會帶來好印象，**也會造成壞印象**。廣告會選用好感度高的藝人來代言，而一旦藝人爆出醜聞就會立刻停播其所代言的廣告，這都是基於聯結原理的影響〔**圖2**〕。

個人觀感會與所接觸到的事物形成連結

▶ 午餐技巧〔圖1〕

午餐技巧被應用於商業、政治、外交、戀愛等各種領域。

商業

透過美食所帶來的幸福感可以讓對方抱持好感,使談判順利進行。

外交

招待外國首腦時舉辦豪華晚宴,共度愉快時光,可建立友好關係。

▶ 聯結原理〔圖2〕

聯結原理指的是利用錯覺,將兩件不相關的事連結在一起的現象。此原理能帶來好印象,也會造成壞印象。

好感度高的藝人所代言的廣告

陷醜聞前

將藝人的良好形象與商品做連結,進而產生購買意願。

陷醜聞後

將藝人的負面形象與商品做連結,連帶降低對商品的好感度。

12

在重要關頭，不要緊張會比較好？

原來如此！ 過度**放鬆**或過度**緊張**都不好。
每種情況都要保持「**適度的緊張感**」！

　　面對重要關頭時，任何人都會感到緊張（有壓力）。緊張是因為「想要把事情做好」、「不想失敗」而感到有壓力所引起的。不過，如果沒有產生緊張的情緒，其實是無法發揮最佳表現的。**要有好的表現，必須有適度的緊張感**。這項理論在心理學上被稱為「**葉杜二氏法則（Yerkes-Dodson law）**」〔**圖1**〕。

　　至於何種緊張程度才是最好的，則取決於你所做的事情。若是處理擅長的事物，即便很緊張也能拿出好表現，然而，對於不熟悉的事物，只要稍微緊張就可能帶來不好的影響。換句話說，**平時不斷練習或是事前周詳的準備，都能將緊張化為助力**。

　　不過就算再怎麼勤奮努力練習，正式上場時沒有人是不會感到緊張的。近年來，許多運動選手在賽前都會建立一套「**例行性動作**」。不管處於任何情況，都能**藉由這些習慣性的動作來穩定情緒，達到提高專注力的效果**。據說也有愈來愈多上班族效法，將「早起」、「晨間閱讀」、「擬定待辦清單」等行為習慣化，透過建立例行習慣來提高工作效果〔**圖2**〕。

▶ 葉杜二氏法則〔圖1〕

這項法則主張要發揮最佳表現,必須有適度的緊張感。

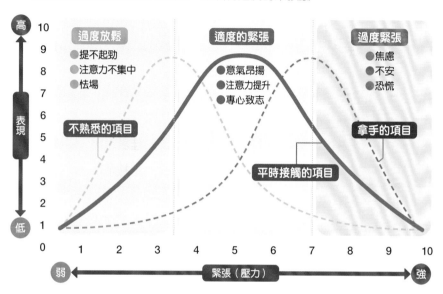

太過緊張或太過放鬆都會讓表現變差。此外,面對拿手的項目時,高度的緊張感能提升整體表現;面對不熟悉的項目時,低度的緊張感才能提升整體表現。

▶ 例行習慣的成效〔圖2〕

建立一套固定進行的動作=養成例行的習慣,無須多想便能讓身體自然動起來,有助於使精神狀態穩定。

像是利用上班前的時間閱讀等,建立早晨例行習慣,被認為有助於提升工作績效。

為何人會想炫耀自己所認識的人？

原來如此！ 因為沾光效應的緣故，人會藉由強調對方與自己的關聯，來提升自我評價！

喜歡與備受讚揚的「了不起」的名人等攀親帶故，在心理學上稱為**「沾光效應」**。這是一種**向周遭炫耀「自己與厲害的人有所交集，所以自己也很了不起」，藉以提升自我評價**的心理反應。炫耀自己的母校或出身地、喜歡的棒球隊，也都屬於沾光效應。反之，人也會強調自己與風評較差的朋友「不怎麼熟」，並試圖保持距離。

另一方面，同期同事升職，便代表自己並未如同事般受到公司肯定。換句話說，**同事出人頭地會讓自己覺得不如人，導致自我評價下降**，壓力升高。

心理學家泰瑟（Abraham Tesser）根據這種自我評價的心理，提出了**「自我評價維持模式」**理論。自我評價維持模式理論認為，人會以**「與對方的心理距離」**、**「與自己的關聯性（自己與該項目的相關程度）」**、**「成就（成績）」**這3項因素來進行自我評價。

當自己的同學為名人時，由於心理距離近，與自己的關聯性低，因此會產生沾光效應。同期同事雖然心理距離也近，但**基於是「公司的工作」而面臨同樣的課題，因此與自己的關聯性高**，像這種情況就會令人感到有壓力〔**右圖**〕。

每個人都想提升<u>自我評價</u>

▶ 自我評價維持模式與沾光效應

當「與對方的心理距離」近，且對方的「成就（成績）」優異時，自我評價
會因為與「自己的關聯性」的高低而呈現出相反的結果。

同學為名人時	同期同事升職時

心理距離	近	心理距離	近
對方的成就	高	對方的成就	高
與自己的關聯性	**低**	與自己的關聯性	**高**

產生沾光效應， 因對方的成就（成績）高， 當事人的自我評價 也隨之上升	由於與自己的關聯性高， 當對方的成就（成績）高時， 便會導致當事人的 自我評價下降

自我評價下降時的調整法

心理距離	透過遠離對方等方法來保持距離。
成就（成績）	自我努力提升成績。或是不把對方當一回事。
與自己的關聯性	降低自身對該項目的關心程度。

14 模仿對方能提升
好感度？

[戀愛]

原來如此！ 人對**興趣或工作相同**的對象會感到親近。
對**言行舉止與自己相似**的人也會產生好感！

　　人往往會喜歡外表與自己相似的對象（➡P18）。不只如此，如同「物以類聚」這句話所形容的一般，**人對於與自己的興趣、工作、出身地等有共通點的對象也會產生親近感**。這在心理學上稱為「**相似性法則**」，是由心理學家紐科姆（Theodore Mead Newcomb）所提倡的概念〔**圖1**〕。這是因為當彼此的興趣相同時，我們就會判斷「這個人與自己有同樣的價值觀」，覺得對方會認同自己，進而產生好感。

　　而將相似性法則應用於日常人際關係的心理學技巧，稱之為「**鏡射**」。鏡射指的是**如同照鏡子般模仿對方的動作或口頭禪、說話節奏等等**。雖說透過相似性法則有助於獲得對方的好感，不過模仿得太露骨時，可能會讓對方感到不快，必須加以留意。模仿對方時要避免過於不自然，不著痕跡地表現才是關鍵所在〔**圖2**〕。

　　除此之外，交往很久的情侶由於長期相處，在對方的影響之下，**不只行為舉止方面，連口頭禪與說話節奏都會在無意識之間變得愈來愈像**。這在心理學上稱之為「**同步性（Synchrony）現象**」。舉例來說，彼此在同一時間點傳Line聊同一話題，這並非出於偶然，而可視為同步性現象所帶來的影響。

令人產生好感的關鍵在於「相似性」

▶ 相似性法則實驗〔圖1〕

紐科姆以入住學生宿舍的新生為對象，調查大家是「如何與他人建立友誼關係」。

剛入住時

會選擇與同房室友等物理距離較近的人做朋友。

幾個月後

會與興趣或價值觀等相近的人做朋友。

能維持長久友誼的是價值觀相同的人！

▶ 鏡射技巧〔圖2〕

如同照鏡子般模仿對方的動作、口頭禪、說話節奏等，較容易獲得對方的好感。

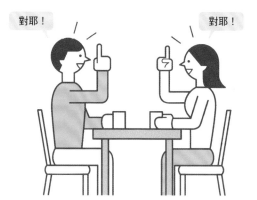

對耶！　　對耶！

鏡射技巧的實際應用範例

◆ 模仿對方的動作舉止、表情
◆ 配合對方的說話節奏
◆ 配合對方的聲調
◆ 「複述」對方所說的話
◆ 點同樣的餐點 等等

心怦怦跳會令人墜入愛河？「吊橋效應」原理

[戀愛]

原來如此！ 吊橋效應會讓人將因驚險刺激而有的心跳加快，誤以為是出自戀愛情感的心動！

　　要約喜歡的對象見面，應該選什麼地方比較好？答案是**「能讓兩人一起心跳加速的地方」**。一般經常聽到的**「吊橋效應」**，究竟是什麼樣的理論呢？

　　心理學家達頓（Donald Dutton）與阿隆（Arthur Aron）曾做過一項實驗，他們請2組男性受試者分別獨自走過堅固安穩的橋，以及搖搖晃晃的吊橋，並安排1名女性在橋的中央進行問卷調查。該名女性將寫有電話號碼的紙條交給渡橋的男性，並告知對方「如果想知道問卷調查結果，之後請打這支電話給我」。實驗結束之後，該名女性接到的電話大多都是由走完吊橋的男性打來的〔**圖1**〕。

　　這是因為，這些男性受試者**將吊橋搖晃的刺激所產生的心跳加快現象，誤以為是出自戀愛情感的心動**，而對該名女性抱持好感。當發生某種現象時，人就會想要推測箇中原因。這種心理反應稱之為**「歸因」**。吊橋效應便是將心跳加速這個現象的原因，推測為戀愛的感覺而非驚險刺激，換句話說，就是所謂的會錯意。這種錯覺則稱為**「錯誤歸因」**。除了吊橋之類會令人感到心怦怦跳的場所，也很建議與喜歡的人一起觀看體育賽事或參加演唱會等活動。當心跳加速而產生愉快的情緒時，便很容易引起錯誤歸因，誤以為「是因為跟這個人在一起才會這麼開心」〔**圖2**〕。

誤解心跳加速的原因

▶ 吊橋效應實驗〔圖1〕

由2組年輕男性分別獨自走過堅固安穩的橋，以及搖搖晃晃的吊橋，並安排1名女性在橋的中央進行問卷調查。該名女性告訴渡橋的男性「如果想知道問卷調查結果，之後請打這支電話給我」。

請打
這支電話。

打電話的男性比例

走完堅固安穩的橋的組別

16人中2人 ⋯⋯ 12.5%

走完吊橋的組別

18人中9人 ⋯⋯⋯ 50%

走吊橋時因驚險刺激而造成心跳加快 ➡ 誤以為是戀愛情感所引起的心動！

▶ 錯誤歸因〔圖2〕

處於興奮、開心、感到幸福等狀態時，便很容易產生錯誤歸因，誤以為「是因為跟對方在一起才這麼開心」。

容易引起錯誤歸因的約會行程

◆ 玩鬼屋或看恐怖電影

◆ 觀看體育賽事、演唱會

◆ 一起喝酒

◆ 爬山健行等戶外活動 等等

Q 服用安慰劑的患者中，會有幾成覺得有效果？

| 1成 | or | 3成 | or | 8成 | or | 完全沒效 |

這是請一群受試者服用新藥，藉以檢測療效的實驗。不過，這種新藥其實是安慰劑，完全不含任何有效成分。此時，會有幾成的受試者覺得這種藥有效呢？

完全不含任何有效成分的藥稱為**「安慰劑」（偽藥，placebo）**。由於不含有效成分，大家應該會認為症狀不可能獲得改善，然而實際上卻會發生**受試者認為「這種藥有效」，症狀因而減輕的現象**。這稱之為**「安慰劑效應（Placebo Effect）」**。

為什麼安慰劑能讓症狀有所改善的看法，眾說紛紜。像是可能原

本就已經快好了，或是因為患者堅信有效而提升了自癒力等，牽涉到各式各樣的因素，不過一般認為心理因素發揮了相當大的影響。

順帶一提，在進行**治驗**（調查新藥效果的臨床試驗）時才會使用安慰劑。如果新藥的效果比安慰劑更高的話，便**能獲得新藥確實有效的科學證明**〔**下圖**〕。

經由治驗所得到的新藥效果

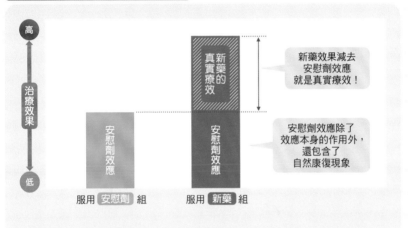

※新藥治驗為求得公正客觀的數據，除了患者本身不知情外，就連醫師、護理師、藥劑師也不知道對誰投予了安慰劑。

據稱，即便是安慰劑，愈是相信該藥物能發揮作用的患者，症狀愈能獲得改善。反之，如果對效果有疑慮時，聽說便很容易引起副作用。**服用安慰劑卻反而產生不良反應**，稱之為**「反安慰劑效應」**。

儘管實驗結果會隨著疾病與藥物種類而改變，但服用安慰劑的受試者中，大約有3成患者的症狀獲得改善。

16

[生活]

經常聽到的「同儕壓力」，究竟是什麼？

原來如此！ 利用「從眾心理」的作用，誘導他人配合團體的意見！

一般經常聽到「日本是個從眾心理很強的國家」，而所謂的「**從眾**」究竟是什麼呢？

從眾指的是配合周遭人的論調改變自身的意見，這是一種能對所有人產生影響的心理作用。利用從眾心理，不著痕跡地壓抑少數者的意見就是「**同儕壓力**」。

心理學家阿希曾做過一項有關同儕壓力的知名實驗。他先讓7名受試者觀看畫有1條直線的圖片，接著再出示一張畫有3條直線的圖片，並請他們從中選出與第一張畫有直線的圖片等長的線條。當受試者獨自作答時，答對率幾乎為100%，但請6位受試者接連故意說出錯誤的答案時，最後一位的答對率則下降至63%。這是因為**在團體中，人往往會受到多數派的意見影響而做出錯誤的判斷**〔**圖1**〕。

引起從眾心理的原因有2個，分別是「**資訊的影響**」及「**規範的影響**」。資訊的影響指的是**對自身的判斷缺乏自信時，轉而參考他人判斷的行為**。舉例來說，看到有人在知名店家門口排隊時就會跟著排隊，便是受到資訊的影響。規範的影響則是指**試圖滿足自身所屬團體的期待**，簡而言之，就是「不想因為只有自己不一樣而被排擠」的心理〔**圖2**〕。

人很容易順從多數派的意見

▶ 從眾實驗〔圖1〕

阿希請7名受試者觀看畫有1條直線的圖片後，再請他們依序從畫有3條直線的圖片中，選出與第一張畫有直線的圖片等長的線條。

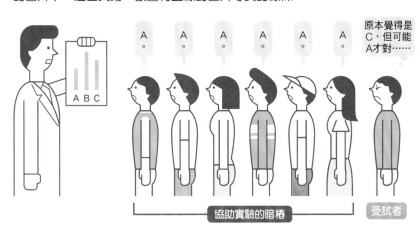

原本覺得是C，但可能A才對……

協助實驗的暗樁

受試者

排在前面的6位為協助實驗的暗樁，故意做出錯誤回答。

受試者的答對率下降至63%

請其中一名暗樁做出正確回答時，受試者的答對率便上升至95%。由此可知，只要有另一人與自己的看法一致時，同儕壓力便會減弱。

▶ 引起從眾心理的2種原因〔圖2〕

資訊的影響

對自身的判斷缺乏自信時，轉而參考他人判斷的行為。看到有人在知名店家門口排隊時就會跟著排隊，便是出自這種心理。

規範的影響

試圖滿足自身所屬團體的期待。因為看到同事加班，所以自己也留下來加班便是出自這種心理。

嚴以待人是人的天性？「行動者−觀察者偏誤」

原來如此！ 人往往會認為他人的行為是「個性」或「能力」所致，而自己的行為則是「情況」使然！

當同事在工作上犯錯時，我們可能會暗想「一定是因為這個人平時就很粗心大意的緣故」。另一方面，當自己出錯時，你是否曾認為「都是因為主管的指示不清楚才害我出包的」呢？如上所述，人在看待事物時會表現出**「嚴以待人，寬以律己」**的態度，其實是源自心理上的作用。

當發生某種現象時，人為了得知箇中的原由會產生**「歸因」**（➡ P42）這項心理反應，以探知該行為背後的原因。此時，即使他人與自己做出同樣的行為，我們往往會莫名地認為**他人的行為是「個性」或「能力」所致，而自己的行為則是「情況」或「現實」使然**，覺得**原因並不在自己身上**。心理學家尼斯貝特（Richard E. Nisbett）將這樣的現象稱之為**「行動者−觀察者偏誤」**〔**圖1**〕。

此外，人在成功時會認為是拜自身能力所賜，但失敗時則傾向將原因歸咎於他人或環境因素。這稱為**「自利偏誤」**〔**圖2**〕。換句話說，無論任何人都是「嚴以待人，寬以律己」的。為了避免這樣的情況，站在第三者的觀點進行思考，盡力客觀地理解各種狀況是相當重要的。

嚴以待人、寬以律己

▶ 行動者–觀察者偏誤〔圖1〕

即使他人與自己遭遇同樣的失敗，我們往往會認為他人的失敗是其本身的問題所導致，而自己的失敗則是環境使然。

他人的失敗

做事粗心大意也難怪會出包……

認為對方的性格是導致失敗的原因！

自己的失敗

都是因為指示不夠明確害的……

認為自己是被他人的行為連累才導致失敗！

▶ 自利偏誤〔圖2〕

人會傾向認為成功是因為自己有本事，失敗則是他人的錯所導致。

自身的成功

認為**成功是拜自己的努力不懈與能力所賜**，例如「考高分是因為自己用功念書的緣故」等。

自身的失敗

認為**失敗是因他人的錯所導致**，例如「出這種怪題目是老師有問題」等。

18 [工作] 責罵方式也有所謂的心理學技巧？

原來如此！ 責罵基本上是**壞處多多的行為。若非罵不可，切記要尊重對方、當下提出且言簡意賅！**

面對在工作上犯錯的下屬或是後輩，什麼樣的訓斥方式會比較有效呢？就心理學而言，責罵是透過外在因素讓人產生行動的**「外在動機」**（➡P16），不過現代心理學已明白，**「稱讚」**比**「責罵」**更能激發出當事人的能力。因此，除非確實有必要，才可運用心理學來罵人。

首先，**責罵時應該選擇沒有其他人在場的時候**。在其他員工面前責備當事人，等於當眾給他難堪，這樣會導致當事人失去工作動力。而且，**在當下立刻責罵也很重要**。在做出某種行為後若有不樂見的事情發生，就會產生**負增強**（➡P77）作用，使其不再做出此行為，故能收到一定的效果。此外，任何人被罵都會覺得不開心，因此**責罵的內容簡短扼要**也很重要〔**圖1**〕。

在訓斥過程中不要只是指責錯誤，要以**「稱讚→責罵→稱讚」**的方式，在斥責的前後插入讚美之詞，這樣既能顧全當事人的自尊，也比較容易讓對方聽進去。

此外，**責罵時眼睛應該平視看著對方**。如果罵人時採取俯視的姿態，會讓當事人覺得「不受尊重」〔**圖2**〕。展現出「我很尊重你」的態度是很重要的一點。

責罵時的心理學技巧

▶ 有效的責罵方式〔圖1〕

責罵時顧及當事人的情緒，比較容易讓人聽得進去，有助於避免其再犯同樣的錯誤。

1 選擇沒有其他人在場的時候責罵

在其他員工面前責備當事人，等於當眾給他難堪，會導致當事人失去工作動力。

2 在當下立刻責罵

藉由「負增強」作用，在當事人犯錯後立刻出言糾正，效果最好。

3 言簡意賅

任何人被罵都會覺得不開心，因此責罵的內容要簡短扼要，並確實說明理由。

▶ 錯誤的責罵方式〔圖2〕

責罵時，與對方視線保持同一高度是很重要的。採取俯視的姿態，或叫對方站著聽訓皆不適宜。情緒化地破口大罵、否定當事人人格更是犯了大忌。

❌ 責罵時採取俯視的姿態

❌ 叫對方站著聽訓

19 IQ究竟是什麼？智力是會遺傳的嗎？

[基礎]

原來如此！ IQ是指「智力商數」，也就是智力測驗的結果！至於智力是否會遺傳，至今仍是個謎！

　　如同世上沒有性格完全相同的人存在一般，世上也沒有任何人的智力是完全一樣的。心理與智力之間具有密切的關係，因此在心理學上，研究智力的**「智力心理學」**也日漸受到重視。而代表智力高低的**「IQ」**，也是透過智力心理學發展而來的。

　　IQ指的是**「智力商數」**，主要是藉由**測定部分的智力活動，並透過數值化的方式呈現出測驗結果**。智力測驗是透過文字與圖形來進行，平均值為IQ100。一般認為數值高於100，學習等能力較高，但IQ值高，並不等於綜合智力也高〔**圖1**〕。

　　智力可大致分為2種類型，用來解決新問題的思考力、想像力稱為**「流質智力」**，活用累積的知識和資訊後的理解能力則稱為**「晶質智力」**。此外，「智力到底是先天遺傳，還是後天環境影響」，自古以來持續為人所研究，但至今仍未得出結論。

　　近年來，IQ這個概念遭到批判，認為「無法藉此測出一個人具有的創造力、社會性」等，而逐漸不再受到重視。心理學家斯騰伯格（Robert J. Sternberg）認為，要掌握一個人的真實智力，不應該只看**「組合智力」**，**「經驗智力」**與**「情境因應智力」**亦相當重要，他並提倡智力是由這三大要素所構成的（**智力三元論**）〔**圖2**〕。

「智力」該如何定義？

▶ IQ測驗的問題範例〔圖1〕

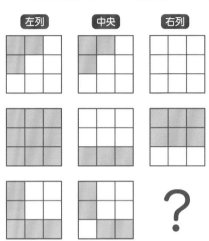

由於IQ測驗被廣泛用於全世界，為了盡量將語言與文化的影響降到最低，因此大量使用圖形與符號。

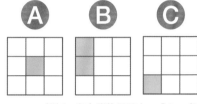

例如，在左邊的題目中，「？」處的圖形是Ⓐ～Ⓒ的哪一個。※答案請見本頁最下方。

▶ 智力的種類與智力三元論〔圖2〕

心理學家卡泰爾（R. B. Cattell）將智力分類為流質智力與晶質智力。斯騰伯格則主張智力是由三大要素所構成，並認為經驗智力與情境因應智力是在社會上獲得成功的重要關鍵。

流質智力
計算、默背、直覺等有助於臨機應變的能力。
➡ **會隨著年紀增長而**衰退

晶質智力
理解、洞察、語言等透過經驗獲得的能力。
➡ **會隨著年紀增長而**提升

組合智力
針對有解答的問題，活用知識加以解決的能力。

經驗智力
根據狀況活用知識，以符合現實考量的方法處理問題。

情境因應智力
自行想出獨特又創新的方式來解決問題的能力。

※〔圖1〕解答：Ⓒ（將左列與中央重複的藍格去除）

20 [戀愛] 阻礙愈多，愛火會燒得愈旺？

原來如此！ 當跨越阻礙的意識出現時，
兩人對彼此的愛也會突然變強烈！

常言道「阻礙愈多，愛火會燒得愈旺」，真的是這樣嗎？心理學家德瑞斯科（R. Driscoll）調查了140對男女情侶的熱戀度與戀情受阻程度，結果發現遭到雙方父母反對，**面臨巨大阻礙的情侶愈是愛得死去活來**。像這樣，面臨阻礙時會讓人更加燃起鬥志的心理現象，則借用了莎士比亞戲劇之名，稱為**「羅密歐與茱麗葉效應」**〔**圖1**〕。

之所以會引發羅密歐與茱麗葉效應，其實牽涉到好幾個原因。首先，**人對於難以得到的事物會覺得更有價值**，這種心理是源自於**「稀有性原理」**（➡P74）。也就是說，周遭人的反對會更加凸顯出戀愛的價值。再者，**試圖解決心中矛盾情緒的「認知失調理論」**也會產生影響。「談戀愛很幸福」與「遭到反對很傷心」這2種情感是互相矛盾的，因此會讓人心中產生不愉快的感受。為了消除這種矛盾情緒，人會選擇「愛情」而捨棄其他事物。除此之外，**「愈是被禁止就愈想嘗試」**的**「心理抗拒（Psychological Reactance）」**（➡P74）反應也會發生作用〔**圖2**〕。

然而，羅密歐與茱麗葉效應只是一時的，情侶若要維持長久的關係，家人與朋友的支持無疑是一大助力。

阻礙會加深彼此的愛意

▶羅密歐與茱麗葉效應〔圖1〕

主要是指在戀愛方面，面臨阻礙時會令人更想突破難關，進而加深彼此愛意的心理現象。

容易引發羅密歐與茱麗葉效應的戀愛情況

◆ 親朋好友反對兩人結婚
◆ 不倫戀
◆ 遠距離戀愛
◆ 年齡差距大
◆ 學校禁止談戀愛或辦公室戀情
◆ 單戀
等等

▶羅密歐與茱麗葉效應產生作用的原因〔圖2〕

稀有性原理

人對於不易得手的事物通常會給予較高的評價，因此對於無法順理成章有所成就的戀愛會覺得有價值，情感也會變得激昂。

認知失調理論

人往往會想要解決內在心理矛盾所產生的不愉快感，因此會不顧周遭的反對而選擇愛情。

心理抗拒

當人的自由受到限制時，就會反射性地想要找回自由。因此愈是遭到反對，愛火會燒得愈旺。

通通想知道！心理學的大小事　第1章

利用嫉妒心讓關係有進展？「嫉妒戰略」

原來
如此！
引發**對方的嫉妒心**，
便能讓停滯不前的**兩人關係有所進展**！

　　為了讓喜歡的對象對自己產生關注，可以利用嫉妒心這項心理學技巧。這被稱為**「嫉妒戰略（策略）」**。**藉由引發對方的嫉妒心，進而發展成戀人關係、突破倦怠期**等等，讓彼此的關係能有所進展。

　　舉例來說，故意讓喜歡的對象看見自己與其他異性相處融洽的場景，或是請共同的朋友告訴對方「他似乎被○○告白了」，都是相當有效的方法。此外，利用**「自我揭露」**（➡P80）這種吐露自身內在想法的方式，表現出對心上人的依賴，「這件事我只能跟你說，其實我被○○告白了……」這樣不僅能縮短彼此的心理距離，還可以引起對方的嫉妒心〔**圖1**〕。只不過，若是被對方發現這全都是你自導自演，就會失去對方的信賴，因此運用嫉妒戰略時必須小心謹慎。

　　心理學家巴斯（David M. Buss）經由調查得知，男女會對何種事物感到嫉妒，其實存在著明確的差異。**男性傾向對女性的「肉體出軌」產生嫉妒；女性則傾向對男性的「精神出軌」產生嫉妒**〔**圖2**〕。然而並不僅止於男女的關係，若是被人看到你與他人有過度的肢體接觸，恐怕會超越嫉妒，讓人產生「這個人好輕浮」的厭惡感，務必要多加留意。

雙方的關係會因為嫉妒而起變化

▶ 嫉妒戰略〔圖1〕

表現出與其他異性相處融洽的模樣，讓對方感到吃醋，藉此讓彼此的關係有所進展的技巧。

1
覺得對方應該是喜歡自己而感到安心，所以並不會改變自己的行動。

2
得知對方與其他異性有不錯的交情，覺得對方「可能會被搶走」而心生嫉妒。

3
引發對方的占有欲，企圖推進兩人關係。

▶ 男女在嫉妒方面的差異〔圖2〕

巴斯主張，男女會對何種事物感到嫉妒，其實存在著明確的差異，而且都有各自的理由。

男性的嫉妒
會對女性的「肉體出軌」產生嫉妒

雖然能夠忍受女性移情別戀、愛上他人，但難以接受幫別人扶養孩子。

女性的嫉妒
會對男性的「精神出軌」產生嫉妒

若只是單純的肉體關係還能忍受，但經濟上的穩定受到威脅則是最無法容忍的事。

從穿著打扮看個性。
你喜歡什麼類型的服裝？

據說一個人喜歡的服飾會透露其個性與心理狀態。你喜歡下面哪一種風格呢？

❶ 色調樸素或款式簡單的服飾

❷ 昂貴的名牌服飾

❸ 休閒服飾

❹ 流行、時髦的服飾

❺ 花俏或浮誇的服飾

測驗結果

❶ 色調樸素或款式簡單的服飾 ➡ 充滿自信、頑固、自我主張強！

❷ 昂貴的名牌服飾 ➡ 缺乏自信，想成為高雅的上流人士！

❸ 休閒服飾 ➡ 容易感到寂寞，希望能獲得周遭的喜愛！

❹ 流行、時髦的服飾 ➡ 不擅長自我主張，傾向迎合周遭的意見！

❺ 花俏或浮誇的服飾 ➡ 情緒不穩定，想營造開朗、活潑的形象！

［解說］

　　無論任何人皆會**對自己的身體抱持一定的想法**，這在心理學上稱之為**「身體意象」**，而劃分身體意象與外界的分隔線則稱為**「身體界限」**。一般而言，服裝、化妝與飾品皆被視為個人的身體界限。面對外界，身體界限具有保護自我的作用。

　　肯定自己的容貌或是個性，具備明確身體意象的人，身體界限亦相當分明。然

而，對自己沒信心，身體界限不明確的人，在脫下衣服、卸下妝容後便無法維持自身的身體意象，往往會陷入不安。因此這類型的人才會穿上花俏的服裝，藉以強化身體界限。換言之，透過穿著打扮所呈現出來的是**「自身的理想形象」**以及**「自身想要被人認定的形象」**，很多時候一個人的真實個性與穿著打扮是恰好相反的。

22
[生活]
懂得察言觀色的人與不懂察言觀色的人，差異何在？

原來如此！ 「自我監控」能力會左右一個人察言觀色的能力！

　　我們會用「懂得察言觀色」、「白目不懂看人臉色」來形容一個人。但如果要我們指出基準是什麼？差異何在？是不是會覺得有點困難呢？

　　關於這點，其實可以透過心理學家斯奈德（Mark Snyder）所提倡的**「自我監控（Self-Monitoring）」**概念來解釋。

　　自我監控指的是，時時**關注（監視）**自己與周遭的關係。藉由此方式能掌握自身當下所須採取的行動，進而調整人際關係。換言之，懂得察言觀色的人，就是自我監控能力高的**高自我監控**者。高自我監控者具有敏銳察覺他人情緒的感受力，能隨著當下情境**在適切的時機發言與做出行動，但有時也會隨波逐流**。

　　另一方面，不懂察言觀色的人，其實就是自我監控能力低的**低自我監控**者。這類型的人不太在意他人的目光，比較重視內在、內容與理念等，因此不擅長配合周遭，有時會被周遭的人批評為**自我中心、我行我素**等。然而，**能確實主張自己的意見，朝著自己所相信的路勇往直前**的，卻是不懂察言觀色之人〔**圖1**〕。

　　此外，使用**「自我監控法」**客觀記錄自身的行為與活動，對於維持動機是相當有效的〔**圖2**〕。

「高自我監控」與「低自我監控」

▶ 高自我監控與低自我監控的差異〔圖1〕

高自我監控

能敏銳察覺他人的情緒,能在適切的時機發言與做出行動,但往往無法說出自己的意見,顯得優柔寡斷。

低自我監控

不擅於察覺他人的情緒,不懂得察言觀色,但在任何情況下都能明確說出自己的意見。

▶ 自我監控法〔圖2〕

對自身想加強的行動,透過記錄其過程,做出評價的方法。有些事物較難在短期內看到成果,透過持續記錄能客觀確認成果,有助於維持動機。

健行

記錄下健行步數與距離。

準備考試

記錄下讀書內容與時間。

減重

記錄下體重與飲食內容。

通通想知道!心理學的大小事 第1章

23 巧妙推掉工作的方法？
[工作] 活用「自我主張」

原來如此！ 「自我主張」指的是顧及自己與對方的感受，適切提出主張的行為！

　　手邊的事已經忙不過來了，若再被交付大量的工作，就算有心為之也做不來。可是，你是否曾經因為「不好拒絕……」而硬著頭皮答應呢？若最後未能順利完成工作，不但會給對方添麻煩，也會失去其信賴。**當自己做不來時，必須要有拒絕的勇氣。**

　　予以拒絕但不會讓對方覺得不愉快的心理學技巧就是**「自我主張（強調主張）」**。自我主張（assertion）指的是，**在尊重彼此價值觀的同時，適切主張自身意見的方法**。具體來說，首先必須真心誠意地向對方道歉。接著，將自身不得不拒絕的理由當成客觀事實進行說明。此時必須誠實地陳述自身的情感，像是「很開心你願意把這些工作交給我，但就我目前的狀況來看，接了反而會給你添麻煩」等等。若能一併向對方提供自己能配合的時程等替代方案，會更理想。

　　提出主張的方式可分為3種類型，除了能尊重彼此的**自我肯定型**外，還有單方面主張自身想法的**「攻擊型（提出攻擊性主張）」**，以及被對方牽著鼻子走的**「非自我肯定型（不提出主張）」**〔**右圖**〕。近年來，一般認為在工作現場所要求的應對方式，乃是高溝通能力的自我肯定型。

「反應」涉及溝通能力

▶ 提出主張時的3種類型

自我肯定型

類型 1
自我肯定型（提出主張）

- ◆ 直率地展現自身的情感
- ◆ 主張自我的同時亦尊重對方
- ◆ 對自己的行動負責
- ◆ 溝通能力高

能在尊重對方的同時，主張自身的意見

類型 2
攻擊型（提出攻擊性主張）

- ◆ 單方面主張自身想法
- ◆ 指責他人的缺點
- ◆ 採取壓制對方的態度
- ◆ 將責任轉嫁給他人

表現出高壓的態度，讓對方不敢反抗

攻擊型

類型 3
非自我肯定型（不提出主張）

- ◆ 不提出自我主張，服從他人
- ◆ 凡事由他人決定，缺乏自主性
- ◆ 藉口很多，習於責怪他人
- ◆ 能理解弱勢者的立場

表現出被動的態度，聽從他人的意見

非自我肯定型

24 透過「PM理論」能得知主管屬於哪種類型？

[工作]

「**達成目標**」與「**凝聚團隊**」這2項功能，是**劃分領導能力**的指標！

你的主管屬於何種類型的領導者呢？

心理學家三隅二不二所提倡的「**PM理論**」，為主管的領導能力分門別類。這是根據**P功能**（為達成目標而鞭策下屬的作為），以及**M功能**（為維持團隊而體恤下屬的作為）的高低，來衡量領導能力的理論〔**右圖**〕。

P功能高的主管會**為了交出成果而積極行動，懂得激勵下屬，統領整個團隊**。M功能高的主管會**緩和下屬的壓力，重視團隊合作來完成工作**。最理想的是2項功能皆高的「PM型」主管，不過這在現實中實屬罕見，而且功能高低也會根據狀況與工作內容而有所變化。

再者，無論是何種類型的主管，若彼此的關係惡化，自身的績效也會跟著下降。在工作上，**與主管建立良好的互動關係**是至關重要的事。若相處起來有問題時，不妨根據PM理論，冷靜分析自己的主管屬於何種類型，並以適合該類型的應對方式來與其接觸。

PM理論不只能針對主管做分類，對於**培養個人資質，發揮領導能力**也很有幫助。

4種不同的領導者類型

▶ PM理論所主張的4種主管類型

根據PM理論可以將領導者分為4種類型。大寫P代表達成目標功能高，大寫M代表凝聚團隊功能高，小寫的p與m則代表2項功能皆低之意。

M功能（凝聚團隊功能）

高

P功能（達成目標功能）

低 ⟶ 高

低

pM型（和平主義型）

受人愛戴，能維持團隊合作，但達成目標的意識較為薄弱。

互動方式
- 贊同主管，使其留下好印象
- 積極參與各項工作，交出團隊成果

PM型（理想型主管）

能夠明確揭示目標，交出成果。統領團隊的能力也很高。

互動方式
- 積極聽從主管的指示
- 學習主管的思考模式

pm型（不適任型）

欠缺達成目標的能力與積極的態度，亦缺乏統領團隊的實力。

互動方式
- 與同事互相協助，提高團隊工作品質
- 積極樂觀地處理各項工作

Pm型（工作至上型）

會積極著手處理工作，但比較不會體恤下屬或是團隊。

互動方式
- 積極與主管溝通討論
- 主動接下統整團隊的任務

25 保護心靈不被壓力擊垮？
[自我] 「防衛機制」原理

原來如此！ 人會透過「**壓抑**」、「**合理化**」等防衛機制，保護心靈對抗**各種負擔**！

　　當人的需求未被滿足、面臨危機、感到糾葛或心痛時，就會啟動被稱為「**防衛機制**」的心理反應以保護自己。防衛機制是從精神科醫師佛洛伊德（ ➡ P96）的研究中所衍生而出的概念，具有各式各樣的種類〔**右圖**〕。

　　「**壓抑**」指的是，**無意識地抑制引發不安的體驗或情感**。例如，忘記痛苦的過往。

　　「**合理化**」指的是，當需求未被滿足時，人會轉而編造出能讓自己接受的理由。例如，被甩時，以「（對方的）個性差」等說法來讓自己釋懷。

　　「**反向作用**」指的是，做出與自身需求相反的行為。例如，刻意冷淡對待喜歡的對象。

　　「**理智化**」指的是，使用專業術語或是抽象字眼，以逃避面對自身真實的需求或情緒。例如，明明很想交女朋友，卻以「戀愛這種東西……」等講道理的方式來塘塞。

　　其他還有，將自己比擬成憧憬人物的「**認同**」，以及透過幻想或賭博自我麻醉的「**逃避**」等等。防衛機制是**保護身心遠離壓力所不可或缺的心理反應**，但若會因此做出給周遭添麻煩的行為，就必須重新檢視自我並另尋其他方法。

▶ 防衛機制的主要種類

保護身心不被壓力擊垮的防衛機制，除了本篇所介紹的內容外，還存在著許多種類。

壓抑

無意識地抑制不願回想的過往經驗或記憶。

合理化

面對無法順心如意的現實時，會以冠冕堂皇的理由來安慰自己。

反向作用

做出與真實心意完全相反的行為或言論，以抑制慾望。

理智化

使用專業術語等，逃往知識的世界以抑制慾望。

認同

將他人備受欣賞的特性想成是自身的一部分。

逃避

不願正視現實，耽於娛樂等事物以逃避一切。

投射（投影）

將自己難以接受的情緒反應推諉到他人的身上。像是明明是自己不喜歡，卻認為是「那人討厭我」等等。

退化

表現出孩童般的舉止以保護自己。像是發生困難時嚎啕大哭等等。

昇華

將不安或內心糾葛轉化為具有社會價值之物。像是透過藝術來表現性方面的慾望等等。

補償（代償）

以其他行為來彌補不擅長的事項。像是不喜歡念書所以熱衷運動等等。

轉移

將需求或是不安等情緒轉移至其他對象。像是將失敗怪罪到他人身上、拿東西出氣等等。

否認

不願承認不想接受的現實。像是被告知罹患重症，卻認為不可能有這種事等等。

周遭再嘈雜還是聽得見自己感興趣的說話內容？

原來如此！ 「**雞尾酒會效應**」能讓人根據**必要性**與**重要度**來**取捨**傳入耳朵的聲音！

即便是在與會者眾的宴會上，自己感興趣的人所說的話，或是別人提到自己的名字時，就會自然地傳入耳裡，你是否也有過這樣的經驗呢？這是因為，人的大腦**會在無意識間對傳入耳裡的聲音，依必要性與重要度做出過濾與選擇**。這在心理學上稱為**「雞尾酒會效應（選擇性關注）」**，是心理學家科林・柴瑞（Colin Cherry）根據實驗所提出的〔**圖1**〕。

雞尾酒會效應也能應用於戀愛方面。只要在談話中**不經意地稱呼意中人的名字，就能讓對方留下好印象**。談論對方感興趣的話題也有一定的效果。

此外，這個概念亦適用於商業活動上，不要只是籠統地宣傳「現正舉辦優惠活動」、「促銷中」，而是**鎖定具體目標**，像是「20世代女性限定」等等，就**比較容易讓符合設定的人接收到相關訊息**。

雞尾酒會效應不只涉及聽覺，也會對視覺產生影響。人之所以能在團體照中立刻找到自己，正是因為大腦會過濾出自身感興趣的視覺資訊的緣故。網路廣告便是利用這點，根據瀏覽紀錄，頻繁顯示當事人有興趣的產品廣告〔**圖2**〕。

感知自身所必要的資訊

▶ 科林・柴瑞的實驗〔圖1〕

請受試者戴上耳機，分別於左右耳播放不同的聲響，並指示受試者只需聆聽右耳的聲響即可。

分別於左右耳播放不同的聲響
➡能將專注力集中於右耳

右耳聲響
聽得見

左耳聲響
聽不見

能聽見右耳聲響。

在左耳聲響中加入受試者名字
➡意識轉移至左耳

右耳聲響
聽不見

左耳聲響
聽得見

無法聽見右耳聲響。

會過濾出對自身而言優先度高的聲音！

▶ 視覺上的雞尾酒會效應〔圖2〕

視覺亦具有捕捉自身所關注或感興趣的事物的能力。網路廣告便是利用人的這項心理反應。

不感興趣的產品廣告
只會將其當成雜訊（雜音），直接忽略。

感興趣的產品廣告
會受吸引而讓視線易於停留。

喜歡汽車的人便很容易注意到車子相關的新聞或廣告。

27 能力愈低的人愈充滿自信？

[生活]

原來如此！ 由於「達克效應」的影響，能力愈低的人愈容易誤以為自己能力很強！

幾乎大部分的人都認為自己的能力在平均之上。心理學家斯文森（Ola Svensson）請大學生們評量自身的駕駛技術，結果有93％的美國大學生，以及69％的瑞典大學生回答**「自己的駕駛技術在平均之上」**。接著再問「你認為自己的安全駕駛度有多高？」有88％的美國大學生，以及77％的瑞典大學生回答**「自己比一般人更確實做到安全駕駛」**。像這樣，對自身做出過高評價的心理反應，稱為**「高人一等效應」**。

研究亦指出，能力愈高的人愈容易低估自己；能力愈低的人則愈容易高估自己，這稱之為**「達克效應（Dunning-Kruger Effect）」**，這是客觀看待自己的能力不足所導致的現象〔**圖1**〕。這可視為一種**「自利偏誤」**（➡P48），往往伴隨著**「成功是自己有本事，失敗都是別人害的」**思維。

此外，人在剛開始學習新事物的時期，很容易陷入「我比其他人有知識」的**「優越錯覺」**，充滿**「沒來由的自信」**，不過當知識與經驗增加後，便能客觀理解自身能力，沒來由的自信也會隨之消失。在這個階段只要努力不懈地磨礪實力，就能建立起**真正的自信**〔**圖2**〕。

當人的能力低時反而會過度自信

▶「達克效應」實驗〔圖1〕

心理學家鄧寧與克魯格讓65名大學生讀了30個笑話，再測定其理解度，並請學生們評估自身的幽默感。

實際理解度

前段25%

後段25%

理解度高的前25%
我的理解度應該在前30%左右
➡ 低估自己

理解度低的後25%
我的理解度應該在前40%左右
➡ 高估自己

能力愈低的人愈容易高估自己！

▶ 熟練度對自信程度所帶來的變化〔圖2〕

隨著熟練度與自信程度的變化，便可以用圖像顯示出達克效應。

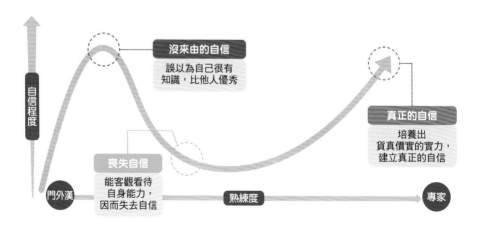

自信程度

沒來由的自信
誤以為自己很有知識，比他人優秀

真正的自信
培養出貨真價實的實力，建立真正的自信

喪失自信
能客觀看待自身能力，因而失去自信

門外漢 — 熟練度 — 專家

通通想知道！心理學的大小事 **第1章**

28 是否每個人都喜歡自己的名字?

[生活]

原來如此! 人會因為「**姓名字母效應**」而對相似姓名具有好感。被「**呼喚名字**」時就會覺得**愉悅**!

　　由於「**高人一等效應**」（➡P70），幾乎所有人都會覺得「自己的水準位於平均之上」而做出自我感覺良好的評價，因此人基本上都是喜歡自己的。也因此，**人會在無意識間對自己的名字產生特別的情感**。此外，不光只是名字而已，生日數字以及姓名的第一個字母也都會令人感到親近喜愛。而且人還會對名字與自己相似之人，以及具有同一生日數字、相同首字母的他人抱持著好感。這稱之為「**姓名字母效應（Name-letter Effect）**」。

　　應用姓名字母效應的心理學技巧，當中有所謂的「**呼喚名字**」。當人聽到他人稱呼自己的名字時，就會產生一種特別的感受而覺得愉悅。**只要在談話中稱呼對方的名字，就能夠縮短彼此的距離感**。如同「**雞尾酒會效應**」（➡P68）能在嘈雜的環境中接收到自己感興趣的資訊般，稱呼對方的名字，也是能有效提升好感度的方法〔**圖1**〕。

　　而且，**不是以姓氏而是以名字（或綽號）互相稱呼時，便能建立起更親近友好的關係**。在日本職場若是突然親暱稱呼女性員工的名字可能會構成性騷擾，不過調查證實，若已發展為男女朋友，以名字或綽號稱呼彼此，有助於建立長遠的關係〔**圖2**〕。

稱呼名字的重要性

▶ 呼喚名字〔圖1〕

以名字來稱呼對方，或在談話中加入對方的名字，皆能提升好感度。

範例

「○○先生／小姐，早安」，在日常招呼中加入對方的名字會更顯親切。

「□□先生／小姐，你認為如何呢？」提出疑問時也很適合以對方的名字開場。

注意事項

若呼喚對方姓名到了多餘的程度，就會被認為太做作。

使用「你」這種適用於任何人的稱呼時，會給人一種漠不關心的感覺，恐怕會造成反效果。

佐藤先生，
方便打擾一下嗎？

▶ 不稱呼彼此名字的情侶會有的傾向〔圖2〕

根據心理學家查爾斯・金（Charles King）的調查，不會以名字互相稱呼的情侶中，有86%在5個月內戀情會告吹。

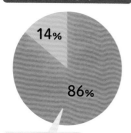

不會以名字互相稱呼的情侶分手率

14%

86%

在5個月以內分手

把拔你啊……

馬麻妳呀……

很多日本人在結婚生下孩子之後，就會以「媽媽」、「爸爸」來稱呼另一半。根據調查顯示，以名字稱呼彼此的伴侶，夫妻關係滿意度會比較高。

29 [工作] 是否有能讓消費者買下商品的心理技巧？

可以運用拉抬商品價值的「**稀有性原理**」，
以及利用反抗心態的「**心理抗拒**」！

　　要促使猶豫該不該掏錢埋單的顧客下定決心「買！」，何種方法最有效呢？運用**「從眾」**（➡P46）心理強調「這個產品現在人氣很旺」、「賣得超級好」也是一種方法，不過利用**「稀有性原理」**以及**「心理抗拒」**（➡P54）也很有效。

　　稀有性原理指的是，生產量與流通量皆少，**難以得手之物，令人覺得別具價值、充滿吸引力**的心理〔**圖1**〕。以「最後一件」、「限定10名」、「期間限定」等噱頭販售的商品，會令消費者感到稀有珍貴而想買回家。據說有些店家為了刺激購買欲，會刻意營造出庫存所剩無幾的狀態。

　　心理抗拒指的是，**意圖取回被限制的自由的心理反應**，這個概念是由心理學家布瑞姆（Jack Brehm）所提出的〔**圖2**〕。像是「期間限定」等被店家限制購買時限時，身為買方的消費者就會覺得被剝奪了選擇「買」與「不買」的自由，而心生抗拒（反抗）。由於顧客**不願被奪走「購買的自由」，為了避免這樣的情況發生，便會買下商品**。換言之，要讓顧客掏錢埋單，形塑出令顧客認為自己是有選擇權的情境才是重點。

提升商品的稀有價值，讓顧客做判斷

▶「稀有性原理」實驗〔圖1〕

心理學家史蒂芬・沃切爾（Stephen Worchel）將受試者平均分為2組，1組是從裝有10片餅乾的瓶中獲得1片餅乾，另1組則是從裝有2片餅乾的瓶中獲得1片餅乾。兩邊皆為同一款餅乾。

從10片餅乾中分到1片組

還算滿足

從2片餅乾中分到1片組

大為滿足

結果　從2片餅乾中分到1片的小組，覺得餅乾極為美味！

▶ 心理抗拒〔圖2〕

心理抗拒指的是會想反抗指示或命令的心理反應。人皆具有「自己的事想自己作主」的欲望，接收到此欲望被侵害的指示或命令時，就會覺得有壓力而且想要反抗。

禁止進入

心理抗拒事例

◆ 明明想要去念書了，但被叨念「去念書」時，就會失去動力。
◆ 被銷售人員推薦「這樣比較划算」時，會予以拒絕。
◆ 被朋友說「你是個溫和善良的人」時，會產生反抗心態。

通通想知道！心理學的大小事　第1章

Q 為了提升員工的能力，哪種方法最有效？

稱讚	or	責罵	or	放任

你一路爬升成為某公司的董事長。為了提升員工們的能力，正苦惱不知該選用「稱讚」、「責罵」還是「放任」的方針。就心理學而言，用哪種方式與員工互動會最為理想呢？

為了提升員工或下屬的能力，**「稱讚」、「責罵」、「放任」，哪一種做法最有效果呢？** 給予獎賞或懲罰，對人的行為會產生何種影響呢？為了查明此事，美國心理學家史金納（Burrhus Frederic Skinner）將老鼠關進壓下桿子就會掉出**乳酪**的箱子內進行實驗。

學會利用箱子機關獲取食物的老鼠，開始不斷主動地壓下桿子。

接下來將機關改為壓桿就會被**電擊**，結果老鼠幾次以後便不再壓下桿子。史金納根據實驗結果主張，**包含人類在內的所有動物，透過給予獎賞或懲罰，能讓其行為產生自發性的變化**。這項理論被稱為**「操作制約（Operant Conditioning）」**〔**下圖**〕。

操作制約實驗 ※operant為operate（操作）的衍生字。

學習到壓下桿子就會有乳酪掉下來的老鼠，會不斷主動壓桿。

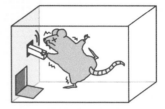

接下來將機關設計成壓下桿子就會引起電擊，老鼠幾次以後便不再壓桿。

在操作制約中，透過獎賞來強化某行為的做法稱為**「正增強」**；透過懲罰來減少某行為的做法稱為**「負增強」**。換句話說，增加獎賞的次數時，該行為會變多；增加懲罰的次數時，該行為就會減少。此外，**想要強化某行為時，在行為發生當下立即給予獎懲是最有效的**。

那麼，獎賞與懲罰，究竟哪一項做法較有效果呢？心理學家伊莉莎白・赫洛克（Elizabeth B. Hurlock）將參與實驗的兒童分為「稱讚教育組」、「責罵教育組」以及「放任組」，並讓兒童們寫了5天的計算問題。實驗結果顯示，**成績的高低順序為「稱讚組」、「責罵組」、「放任組」**。換言之，相較於「放任」與「責罵」，「稱讚」較能提高學習意願，進而提升個人能力。

30 常見面就會喜歡上對方？
[戀愛]
「單純曝光原理」

 原來如此！ 人對於平時經常打照面的他人會放下警戒心，且容易產生好感！

　　彼此一見鍾情立刻晉升為男女朋友……這種情況在戀愛上其實很罕見吧。要讓對方產生好感，除了第一印象非常重要外（**初始效應**➡P20），還有其他訣竅。

　　要發展成戀愛關係，不光只在初次見面時下功夫，日積月累也很重要。**人對於經常見到面的他人容易產生好感**。多見幾次面後便會放下警戒心，進而在無意識間對對方抱持好感。這稱之為**「單純曝光原理」**，是心理學家查瓊克（Robert Boles aw Zajonc）所提出。

　　查瓊克讓受試者觀看陌生人的大頭照，並搭配不同的觀看次數進行實驗。實驗結果顯示，**觀看同一張大頭照的次數愈多，對該人物的好感度也會愈高**〔**圖1**〕。

　　研究亦指出，**彼此的物理距離較近時，心理距離也會變近**。心理學家博薩德（J. H. S. Bossard）調查了5000組已訂婚的情侶，發現其中有33%是住在彼此能徒步往來的生活圈裡。而且，當雙方相隔的距離愈遠時，成功結婚的機率也會愈低，這就是**「博薩德法則」**〔**圖2**〕。

　　遠距離戀愛並不代表一定會破局。即使無法頻繁見面，透過電子郵件等方式經常聯絡是相當重要的。

經常見面就會喜歡上對方！

▶「單純曝光原理」實驗〔圖1〕

查瓊克讓受試者觀看陌生人的照片，並搭配不同的觀看次數進行實驗。

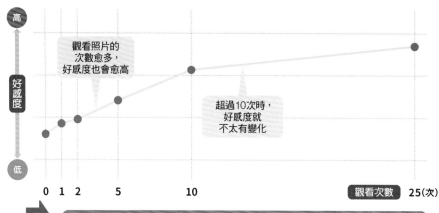

好感度

高

低

觀看照片的
次數愈多，
好感度也會愈高

超過10次時，
好感度就
不太有變化

0 1 2　　5　　　　10　　　　　　觀看次數　25(次)

▶ **愈常見面愈容易喜歡上對方，但見面次數超過10次時，效果便不顯著**

▶ 博薩德法則〔圖2〕

33%

已訂婚的情侶中
有33%是住在
能徒步往來的
生活圈裡

博薩德調查了5000組已經訂婚的情侶，發現彼此住家距離較近時，心理距離也會變近。

彼此住家位於
徒步可達的距離內

隨著見面次數的累積，
單純曝光原理產生作用，
便能維繫彼此的戀愛情感

論及婚嫁！

徒步可達

31 想跟對方變親近，
「吐露心聲」很有效？

[戀愛]

原來如此！ 當人聽到對方表露私事時，
就會對該對象產生好感！

　　要與自己喜歡的異性朋友發展成戀愛關係，**「自我揭露」**是很有效的方法。自我揭露指的是，**透過話語向他人如實表達私事的行為**，是由心理學家西尼・朱拉德（Sidney Jourard）所提出。換言之，就是向他人表露自身的內心世界〔**圖1**〕。

　　聆聽者會認為當事人此舉是出自對自己的好感與信賴，因而覺得自己對當事人來說是很特別的存在。接著**「互惠原理」**（➡P24）就會發生作用，聆聽者也會對當事人產生好感，從而願意跟對方分享個人私事。

　　進行自我揭露時，營造出獨一無二感，像是「這種事，我只能跟○○你談……」會更有效果。這是向對方強調**稀有性**以獲得信賴的手法，被稱之為**「稀有法（hard-to-get technique）」**。當然，若突如其來地吐露沉重的祕密，對方也會感到困惑。因此，剛開始先分享一些簡單的個人資訊，像是喜歡的食物或出身地等會比較理想。

　　順帶一提，意圖為自己塑造出美好形象的**「自我呈現」**，與自我揭露是大相逕庭的。**自我呈現是一種印象操作，任何人皆會有意識、無意識地做出此行為**，然而過度的自我呈現會被認為是「太愛現」，恐將失去對方的信賴，必須加以留意〔**圖2**〕。

080

自我揭露能獲得對方的好感與信賴

▶ 自我揭露的重點與注意事項〔圖1〕

要讓自我揭露發揮最大的效應，必須搭配適切的方法以避免踩雷。

聆聽者會覺得當事人此舉是出自對自己的好感與信賴。

自我揭露要循序漸進

切忌突如其來地吐露沉重的祕密。逐步分享有關自身的資訊，加深彼此的親密度。

強調稀有性

像是「這件事我只能跟你說……」等，表達出對方對自己而言是很特別的存在。

務必只有兩人

吐露重要的個人私事時，務必選在只有兩人獨處的時候。有其他人在場時比較難以獲得信賴。

▶ 自我揭露與自我呈現的差異〔圖2〕

自我揭露

向他人如實表達有關個人私事的行為。

誠實吐露自身不擅長的事物等，能獲得對方的好感！

自我呈現

以營造「自身想呈現的形象」為目的的行為。

表明自身的高學歷等會被認為是在炫耀，而無法獲得對方的好感！

哪種說服方法能獲得信賴？
「片面提示」、「雙面提示」

原來如此！ 進行遊說時**優點**與**缺點**要並陳，
才能**獲得對方的信賴**！

兜售商品時的遊說方式有**「片面提示」**與**「雙面提示」**2種手法〔**圖1**〕。

片面提示指的是，**只強調優點的說服手法**，像是「功能是一般商品的2倍」、「效果增加50％」、「下殺7折」等等，能在當下立刻產生作用。片面提示在對方不甚了解商品，或者是彼此已建立信賴關係，以及對方已深受商品吸引時最能發揮功效。

然而，在購買商品後才得知相關缺點時，會令對方感到惱火覺得「被騙了！」，也會因此失去信用。所以一般來說，**優缺點皆據實以告的雙面提示較能獲得顧客的信賴**。

進行雙面提示之際，可利用**「新近效應」**（➡P26），在最後強調相關訊息，加深對方的印象。亦即先說完缺點後再強調優點較能令人留下印象。此外，**優點與缺點的關聯性高時會更有說服力**〔**圖2**〕。

只不過，每個人對商品的優點定義不同，有些人求「低價」，有些人求「多功能」等。**先確認對方的需求為何**，再透過雙面提示來進行遊說是較為理想的。

優點 與 缺點 皆一併告知

▶ 「片面提示」與「雙面提示」〔圖1〕

片面提示

只強調優點的說服手法。

手機內建
高階拍照功能！

◆ 對於不了解商品者能產生效果
◆ 有失去顧客信賴的風險

雙面提示

優點與缺點皆一併告知的說服手法。

雖然是高規格，
但容量很小……

◆ 對於了解商品者能產生效果
◆ 容易獲得對方的信賴

▶ 告知優點與缺點的順序〔圖2〕

利用新近效應，先說缺點再說優點會比較有效果。

先告知對方
缺點

這個果汁
喝起來味道
很苦……

接著再表達
優點

但是1杯
就能攝取到1天
所需的營養！

令人留下
深刻印象！

注意事項

優點與缺點的關聯
性低時，便會失去
說服力。

例如

這支智慧型手機的
耗電量大，但是機
身很輕。

發現潛意識之重要性的精神分析先驅

西格蒙德‧佛洛伊德

（1856–1939）

　　開創精神分析學的佛洛伊德（Sigmund Freud）是猶太裔奧地利人，出生於現在的捷克。佛洛伊德自維也納大學畢業後，前往巴黎留學，學習精神官能症「歇斯底里症（Hysteria）」的治療法。回國之後，以精神科醫師的身分於維也納開業。當時的醫界認為歇斯底里症的發病原因不明，但佛洛伊德根據治療患者的經驗，認為「歇斯底里症的原因在於年幼時期遭到性虐待所致」。接著他還發現，當患者能將壓抑塵封的記憶訴諸言語時，症狀便能獲得改善。佛洛伊德就這樣確立了「精神分析」這門學問。

　　後來佛洛伊德開始認為「人的行為是受到潛意識所支配的」，而夢就是來自潛意識的意象，他因此建立了心是由「本我（Id）」、「自我（Ego）」與「超我（Superego）」所構成的學說（ ➡P96 ）。

　　佛洛伊德的弟子榮格（Carl Gustav Jung➡P146），以及前合作夥伴阿德勒（Alfred Adler➡P106）皆承繼潛意識的概念，並進一步研究發展。佛洛伊德晚年遭到納粹迫害而流亡倫敦，於83歲時與世長辭。

　　佛洛伊德的學說為當時的社會帶來衝擊，對20世紀前半葉的文學、哲學與社會科學等領域所產生的影響之大，可謂難以估算。

第 **2** 章

令人好奇！

心理學
用語釋義

巴夫洛夫的狗、原慾、身分認同⋯⋯
這些心理學用語似乎曾在哪裡聽過，
卻又不太了解其所代表的意義。
本章會深入淺出地解說這些用語。

33 [基礎] 「完形心理學」 心是無法分解的嗎？

原來如此！ 完形心理學認為，心並非意志與情感等元素的複合體，而是一個整體！

　　開創近代心理學的心理學家馮特（➡P10）認為，「**心（意識）是由表象（意象）、意志、情感、感覺等元素所構成的複合體**，只要分析這些元素便能了解心的運作機制」。這種想法稱之為「**元素主義（建構主義）**」。

　　相對於此，心理學家魏泰默爾（Max Wertheimer）等人則是主張「**心是一個整體，無法還原成組合的元素**」，這就是「**完形心理學（Gestalt psychology）**」。Gestalt在德文中是「**整體**」、「**形態**」之意。舉例來說，針對音符一一進行分析，也無法得知音樂整體的涵義。因此該學派認為，心同樣不能透過元素來分析，而應視為整體來研究。

　　魏泰默爾還注意到，人在認識事物的整體面貌時，並非從所知覺到的各種元素展開認識，而是**傾向於盡可能用更簡潔的方式認識**。這稱之為「**簡潔法則（Law of Pragnanz）**」，此法則將影響知覺的因素稱為「**完形因素**」〔**圖1**〕。

　　除此之外，完形心理學理論還透過實驗證實了「**似動運動**」。這是**將實際上處於靜止狀態的物體看成正在移動的現象**〔**圖2**〕。

整合各元素加以認知

▶完形因素的種類〔圖1〕

完形因素具有許多種類，以下介紹4個代表性種類。

接近性

距離接近之物，往往很容易被視為一體。

封閉性

我們往往會將呈現封閉形狀之物視為一體。

將（ ）或【 】歸為同一種類

這裡雖然沒有連起，但我們還是會將其視為三角形

相似性

顏色或形狀相似之物，往往很容易被視為一體。

連續性

我們往往會將圖形視為連續的形體。例如像「×」這個記號，我們不會認為這是由4條直線集合而成，而是2條直線交會所構成。

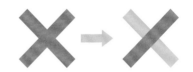

▶似動運動事例〔圖2〕

將實際上處於靜止狀態的物體看成是連續運動的現象。動畫正是應用似動運動的原理來進行創作。

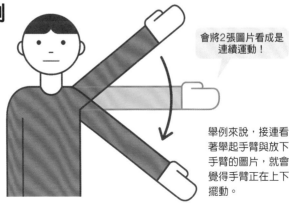

會將2張圖片看成是連續運動！

舉例來說，接連看著舉起手臂與放下手臂的圖片，就會覺得手臂正在上下擺動。

34 「完形崩壞」是什麼在心中崩壞？

[基礎]

原來如此！ 一直看著一個字時，
便會導致**整體認知能力降低**的現象！

　　完形心理學（➡P86）認為，人在識別各個組成元素之前，會先對整體產生認知。而且完形心理學亦主張，**經驗或是主觀等因素也會對認知產生影響**，這稱之為**「經驗因素」**。經典範例就是同一張畫，在某些人看來是一位年輕女性，而某些人看來卻是一位老婆婆。只不過，由於日本人較少看過有著鷹勾鼻的老婆婆，因此據說大部的人都覺得這張畫看起來是一位年輕女性〔**圖1**〕。

　　接下來我們就以文字為例，一起來看看「對整體產生認知」究竟是怎麼一回事。當我們看到文字時，**並不是藉由分析部首或結構來識別，而是從整體進行辨識**。我們不只看得懂一筆一畫端正書寫的「楷書」，也能看懂筆畫連在一起的「行書」，正是基於認得楷書字體的經驗。

　　然而，一直盯著某個中文字時，**便會開始覺得文字本身失去整體性，部首或結構看起來就像散開的細部**，不知道你是否有過這樣的經驗呢？這就是**「完形崩壞」**〔**圖2**〕。

　　即便是健康的人，**持續注視某樣事物，也會引發整體認知能力下降**的完形崩壞。除了已知長時間凝視文字或幾何圖形時會對視覺造成影響外，聽覺與觸覺也會出現這種狀況。

整體認知能力對理解文字很重要

▶ 會對認知造成影響的主觀意識〔圖1〕

下面是2張完全一樣的圖，不過根據觀者的經驗或心理狀態，有些人會看成一位年輕女性，有些人則會看成有著鷹勾鼻的老婆婆。

看起來是年輕女性時

眼睛
耳朵
項鍊

脖子戴著項鍊的年輕女性看向遠方的模樣。

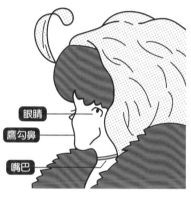

看起來是老婆婆時

眼睛
鷹勾鼻
嘴巴

有著鷹勾鼻的老婆婆低頭向下看的模樣。

▶ 語義飽和〔圖2〕

持續看著整齊排列的同一文字30秒後，便會開始覺得字型崩壞，甚至看不懂這個字所代表的意思。此現象被稱為「語義飽和」。

借 借 借 借 借 借
借 借 借 借 借 借
借 借 借 借 借 借
借 借 借 借 借 借
借 借 借 借 借 借
借 借 借 借 借 借

容易引發完形崩壞現象的字

多 野 今
粉 傷 若
ル を 今

等等

35 「錯視」眼睛所見，不見得為真？

[基礎]

原來如此！ 「錯視」即為眼睛所見與實際情況有所出入的現象，亦被應用於穿搭造型上！

　　我們的眼睛會如實地映照出這個世界原本的面貌……其實不然。實際上，人的視覺會受到心理影響，**有時會覺得某物體看起來比實際還要大，有時則會將靜止的物體看成正在移動**。在視覺上所產生的錯覺被稱為**「錯視」**。

　　知名的錯視現象為**「懷特效應（Whitten effect）」**，明明是相同的色調，看起來亮度卻不一樣。其他還有明明是長度相同的直線，看起來長度卻不同**「彭佐錯視（Ponzo illusion）」**、**「慕勒－萊爾錯覺（Muller-Lyer illusion）」**、**「鮑德溫錯覺（Baldwin illusion）」**，以及根據配置或是切割方式而讓人覺得面積看起來不同的**「艾賓浩斯錯覺（Ebbinghaus illusion）」**與**「雙色錯覺（bicolor illusion）」**等〔**圖1**〕。

　　錯視也能應用在穿搭造型上〔**圖2**〕。舉例來說，利用慕勒－萊爾錯覺，穿著V領襯衫可以營造出高挑的視覺效果；利用**「直條紋效果」**，穿上直條紋服裝能讓人看起來較為苗條。利用雙色錯覺可以讓留長髮的人，臉看起來比短髮更小（**小臉錯覺**）。

　　錯視產生的原因，至今仍尚未被釐清，不過最近的心理學研究認為，錯視並非只有在觀看特殊圖形時才會發生，而是一種存在於人類**認知機制**中的特徵。

眼睛會產生錯覺

▶ 各式各樣的錯視〔圖1〕

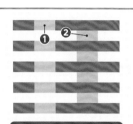

懷特效應

覺得❶的橘色長方形比❷的看起來還明亮,其實兩者亮度相同。

彭佐錯視

覺得位於上方的紅色直線看起來比較長,其實兩者長度相同。

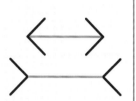

慕勒-萊爾錯覺

覺得位於下方的紅色直線看起來比較長,其實兩者長度相同。

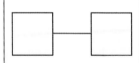

鮑德溫錯覺

覺得小正方形中間的直線看起來比較長,其實兩者長度相同。

艾賓浩斯錯覺

覺得右邊的深橘色圓形看起來比較大,其實兩者大小相同。

雙色錯覺

縱向分割的白色長方形看起來比較細,其實兩者形狀相同。

▶ 被應用於穿搭造型的錯視現象〔圖2〕

直條紋效果

直條紋比橫條紋看起來更加顯瘦。

小臉錯覺

利用雙色錯覺可以讓留長髮的人,臉看起來比較小。

Q 應該選哪2張？「4張卡選擇題」

| A 與 4 | or | A 與 7 | or | A 與 K | or | 4 與 7 |

這4張卡的正面為英文字母，背面則標示數字。目前可見其中一面為A、K、4、7。如果只能翻2張卡來驗證「卡的正面為母音的話，背面則為偶數」這項規則是否成立，那麼必須翻哪2張卡來進行確認呢？

這是**心理學家華生（Peter Cathcart Wason）所提出的「4張卡選擇題」**。看起來似乎很簡單，但答對率卻低於10%。

大部分的人都能選對一張卡，知道要翻母音「A」這張。「K」為子音，所以不需要確認。至於剩下的另一張卡，許多人則會選擇偶數「4」。然而，這是錯誤的。

由於沒有必要確認「卡的背面若為偶數，正面則為母音」這項規則，因此「4」的背面無論是哪一個字母都不會有問題。換句話說，正確答案為「A」與「7」。

那麼，為什麼會有那麼多人選「4」這張卡呢？這可歸因於**「確認偏誤」**（➡P196）**所產生的作用，也就是當人認為自己所想的是對的，就會去蒐集對自己有利的資訊**。大部分的人選擇了符合背面規則的「4」便感到滿意，而忽視了可能違反規則的「7」這張卡。

不過，將4張卡選擇題改成日常生活的項目時，答對率則會大幅提升。問題如下〔**下圖**〕。

將4張卡選擇題改成日常生活的項目

4名年輕人各拿著1張卡，卡的正面標示年齡，背面則標示飲品。若只能翻2張卡來驗證「年滿20歲才能飲酒」這項規則是否成立，那麼必須翻2哪張卡呢？

啤酒　果汁　21歲　17歲

正確答案是「啤酒」與「17歲」這2張卡。這個問題的答對率超過80%。

明明是出自同一邏輯的推理問題，答對率卻相差這麼多，實在很不可思議。由此可知，人的認知能力不是為了解開抽象問題，而是**為了解決日常生活問題才變得發達的**。

36 「巴夫洛夫的狗」身體會自動做出反應？

[基礎]

原來如此！ 刻意將**無條件反射**與其他刺激連結在一起的**古典制約**實驗！

　　由心理學家馮特所開創的近代心理學，是透過分解各項元素來探究心（意識）的「建構主義」。然而，心理學家華生（John Broadus Watson）卻認為「意識無法透過客觀方式來觀察」，並主張**「人的行為不過是對外部刺激所產生的反應而已」**。華生所提倡的心理學被稱為**「行為主義」**〔**圖1**〕。

　　人或動物將食物放入口中後，便會自然分泌出唾液。像這類的生理反應叫做**「無條件反射」**。而人與動物在累積經驗有所**「學習」**之後，只要看到食物就會自然分泌唾液。例如，看到梅乾或檸檬時會想起酸溜溜的味道，而產生分泌唾液的反應。這叫做**「條件反射」**。

　　行為主義學者主張**「人的行為，全是基於條件反射」**，而奠定這項基礎理論的研究，便是運用條件反射進行的實驗**「巴夫洛夫的狗」**〔**圖2**〕。生理學家巴夫洛夫（Ivan Pavlov），不斷重複在餵狗吃飼料之前搖鈴。於是狗便學到當鈴聲響起時就能獲得飼料，最後，只要聽到鈴聲便會開始流口水。像這樣，刻意將分泌唾液這種無條件反射與鈴聲等不相關的刺激連結起來的做法，稱之為**「古典制約」**。

行為是對刺激產生的反應

▶華生提出的S-R理論〔圖1〕

華生提出的行為主義認為，人的行為不過是對外部刺激（Stimulus）所產生的反應（Response）而已（S-R理論）。

建構主義 人的心（意識）是由意志、情感、記憶等所構成的。

好想摸喔！真可愛！軟綿綿的！

喵一

心（意識）

看見貓時，構成「心」的各種元素會產生作用

行為主義 人的行為不過是對外部刺激所產生的反應而已。

刺激（S）

喵一

反應（R）

貓這項「刺激」 ▶ 引起驚訝這個「反應」

▶巴夫洛夫的狗與條件制約〔圖2〕

這是第一個提出「條件制約」概念的實驗，並造就了行為主義心理學的基礎理論。

狗學習到當鈴聲響起時就能獲得飼料的經驗

不斷重複在餵狗吃飼料之前搖鈴。

狗只要聽到鈴聲便會開始流口水。

37 「本我」、「自我」、「超我」

[基礎] 意識與潛意識的差別何在？

 原始衝動也是來自本能的精神慾望。
被只追求快樂的「快樂原則」所左右！

　　心理學家馮特針對人的心（意識）進行研究，而精神科醫師佛洛伊德則在研究精神官能症的過程中，發現**「潛意識」**的存在，因而主張**人的大部分行為都是受到潛意識所左右**。

　　佛洛伊德起初將心分為「意識」、「前意識（只要努力回想便能意識到的層面）」、「潛意識（無法意識到的層面）」3個層次來理解。不過在這之後，他則將一個人的心理結構分為**「本我（Id）」**、**「自我（Ego）」**與**「超我（Superego）」**3個層次〔**右圖**〕。

　　本我指的是**原始衝動**，包含各種**本能的精神慾望**。這些本能的精神慾望是由代表性本能的**「原慾（Libido）」**（➡P98），以及代表破壞本能的**「死之本能（Thanatos）」**所構成。這些慾望沒有善惡之分，被只追求快樂的**「快樂原則」**所左右。

　　然而，若是順著本我的衝動採取行動，人便無法在社會上生存。一邊抑制本我一邊調整和社會的關係，**以符合現實的做法來滿足本我需求，稱之為自我**。換句話說，自我乃是受到**「現實原則」**所左右。

　　超我則是指良心、道德心、倫理觀等部分，受到**「理想原則」**所左右。因為超我的作用，人才會對犯罪行為產生罪惡感。

▶「本我」、「自我」、「超我」的結構

佛洛伊德將人的心理結構分為「本我」、「自我」、「超我」3個層次。以漂浮在海面的冰山來比喻此結構會更容易懂。

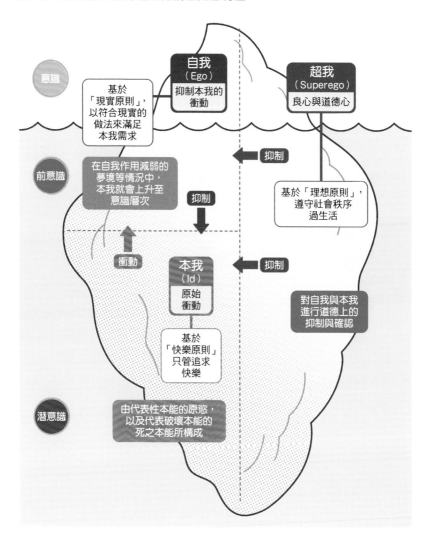

38 ［基礎］ 「原慾」源自本能的性衝動？

原來如此！ 屬於「本我」層面的性衝動，分為幾個階段。滿足各階段的性慾是相當重要的！

　　佛洛伊德將人的心理結構分為**「本我」**、**「自我」**、**「超我」**3個層次（➡P96）。本我代表本能的衝動，其中的性衝動被稱為**「原慾」**。根據佛洛伊德的理論，原慾是<u>人類最基本的本能</u>，因此是與生俱來的。原慾會隨著年齡逐漸發展，其發展過程可分為**「口腔期」**、**「肛門期」**、**「性器期」**、**「潛伏期」**、**「生殖期」**5個階段〔**右圖**〕。

　　當符合該發展階段的性慾獲得滿足時，原慾就能順利往前過渡。然而，當某一發展階段的性慾被過度滿足，抑或沒有被滿足時，**長大成人後，可能就會出現執著於那個時期特有的情感**。舉例來說，在口腔期幾乎未吸吮過母乳的男性，長大後可能會偏愛女性的胸部。此現象稱為**「固著」**。

　　此外，**人在受到打擊時，行為有時候會倒退至發展的早期階段**。舉例來說，工作表現傑出的男性上班族，在太太面前會使用兒語等情況。這稱之為**「退化」**。退化乃是自我所引發的作用，由於目前的自我無法解決問題，才會倒退至兒童時期試圖尋求解決對策。

▶原慾的 5個發展階段

原慾會依年齡分5階段發展。當某一發展階段的原慾沒有被滿足時，長大成人後便會出現固著於那個時期的心理或行為。

口腔期 （0～1歲左右）

透過口唇吸吮乳汁來滿足此階段的原慾。

【固着】
在口腔期未曾吸吮過母乳的話，往往會透過飲食或抽菸等方式來滿足口慾。

肛門期 （1～3歲左右）

透過排泄或忍耐排泄來滿足原慾。

【固着】
過度嚴格訓練孩子如廁，容易導致其個性變得一板一眼、吝嗇、倔強或神經質等。

性器期 （3～6歲左右）

又稱伊底帕斯期。會透過自身的性器感受到原慾，並對父母中的異性者產生性方面的好奇。

【固着】
若此時期過度依賴父母中的一方時，便容易產生戀母情結或戀父情結。也很容易產生虛榮心。

潛伏期 （6～12歲左右）

此階段的原慾通常會受到抑制，專注於才藝或課業。

【固着】
無法熱衷於課業或體育活動，或是無法與他人建立友誼時，日後會比較不擅於交際。

生殖期 （12歲以後）

此時會以生殖為目的，尋求性對象。各階段的原慾會在這個時期進行統合。

【固着】
某階段的原慾若沒有被滿足時，那個階段的固著現象就會隨之表面化。

39 「伊底帕斯情結」
[基礎] 討厭父親、愛戀母親？

原來如此！ 3歲左右的男孩會對母親產生「原慾」，
並會引起心理糾葛，下意識地厭惡父親！

在「**原慾**」的發展階段中，3～6歲左右的**性器期**又被稱為「**伊底帕斯期**」（➡P99）。伊底帕斯是希臘神話中出現的角色，他弒父為王，並娶母親為妃。佛洛伊德從這個神話故事中看出「**男孩會產生厭惡父親，愛戀母親**」這種無意識的心理糾葛，因而將此現象命名為「**伊底帕斯情結（Oedipus complex）**」。

根據佛洛伊德的理論，男孩約從3歲開始便會**對身為異性的母親展現出性需求**，希望能獨占母親。然而，父親正是一道擋在他面前的阻礙，因此才會**對父親產生厭惡之情**。不過與此同時，男孩也會對堅強可靠的父親感到憧憬，心裡因而產生複雜的**情結（complex）**。最後，男孩會放棄獨占母親，以成為堅強可靠的男性為目標，並將強大的父親與自己視為一體（認同），逐漸變得充滿男子氣概〔**圖1**〕。

而女孩的情況則是，**對父親有性需求**時，就會變得愛戀父親、厭惡母親。之後也會如同男孩一般出現心理轉折，將母親與自己視為一體，逐漸顯現出女性特質。女孩的戀父情結，是取自希臘神話中命令弟弟弒母的厄勒克特拉這名女性人物的名字，將其命名為「**厄勒克特拉情結（Electra complex）**」〔**圖2**〕。

對父母中的異性者所產生的心理糾葛

▶ 伊底帕斯情結的原理〔圖1〕

男孩會對母親產生原慾，下意識地厭惡父親的情緒。

母親

男孩

父親

厭惡
覺得父親的
存在很礙事，
而感到排斥

原慾
對母親
產生性慾，
希望能
獨占母親

尊敬
內心對於
強大的父親
感到憧憬
與尊敬

男孩在伊底帕斯期與母親過於親密時，
容易演變成過度愛戀母親的「戀母情結」

▶ 厄勒克特拉情結的原理〔圖2〕

女孩會對父親產生原慾，下意識地厭惡母親的情緒。

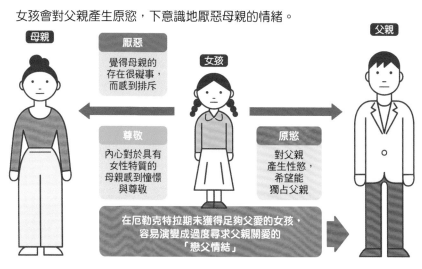

母親

女孩

父親

厭惡
覺得母親的
存在很礙事，
而感到排斥

尊敬
內心對於具有
女性特質的
母親感到憧憬
與尊敬

原慾
對父親
產生性慾，
希望能
獨占父親

在厄勒克特拉期未獲得足夠父愛的女孩，
容易演變成過度尋求父親關愛的
「戀父情結」

令人好奇！心理學用語釋義 **第2章**

從日常動作便能看出個性？
身體動作會顯現出性格

人不只會透過言語，也會藉由表情或動作來表達情緒。請看下面所描繪的身體動作，猜猜此人屬於何種性格。

1 不斷觸碰自己的身體

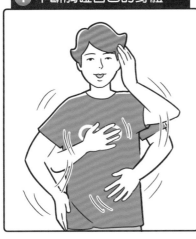

2 雙手握拳交叉在胸前

3 手的動作很大

4 坐著時雙腿交疊

1 不斷觸碰自己的身體 ➡ 不安型

2 雙手握拳交叉在胸前 ➡ 攻擊型

3 手的動作很大 ➡ 自我陶醉型

4 坐著時雙腿交疊 ➡ 完美主義型

[解說]

　　透過表情或動作等語言以外的方式進行溝通，稱之為「**非語言溝通**」。據說，非語言溝通會比話語更能顯露出一個人真實的心理。

　　舉例來說，**男女站著交談時，從腳尖便可看出女性的真實心意。** 若對該名男性有好感時，女性的腳尖會朝著對方；若是不具好感時，女性的腳尖就會無意識地朝著想要離去的方向。

　　接下來，讓我們一起來看左頁心理測驗的結果吧。在談話過程中會不斷觸碰自己身體的人，是因為感到不安才會藉由觸摸身體來安撫情緒。這稱之為「**自我親密行為**」。

　　雙手握拳交叉在胸前，是**表現敵意與攻擊性的動作**。如果雙手沒有握拳，而是抱住上臂或手肘在胸前交叉，則屬於自我親密行為，希望藉此減輕自身的不安。

　　手的動作很大是想告訴對方「請認同我的存在」，可謂自我陶醉型。而雙腳擺放的方式也會顯露出性格。基本上，**雙腿併攏的人屬於十分講究秩序的類型，雙腿張開的人則是個性積極的類型**。坐著時雙腿交疊的人具有完美主義的傾向，多半屬於不願讓他人看見自己不安的類型。

40 [基礎] 「**原型** (archetype)」 人類共通的潛意識？

原型指的是人類共通的「**集體潛意識**」。
「**阿尼瑪**」、「**阿尼姆斯**」等亦為一種原型！

心理學家榮格因贊同佛洛伊德的理論而成為其弟子，但他後來卻否定佛洛伊德的主張，兩人就此分道揚鑣。

榮格亦十分重視人的潛意識，不過，相對於佛洛伊德認為潛意識是「**受到抑制的個人的原始衝動**」，榮格則主張，潛意識領域不僅含有累積個人所經歷的情感與記憶的「**個人潛意識**」，最底層還有**保存人類共通記憶的「集體潛意識」**。

榮格認為，集體潛意識是從人類祖先那裡一代代遺傳下來的。而這項理論的根據，則是來自世界各國的神話與人物題材多所共通的事實。舉例來說，神祇與英雄、惡魔、魔法師等角色，均普遍見於世界各地的神話、宗教典故與寓言故事等。榮格將這種**形塑出人類共通的普遍形象模式命名為「原型（archetype）」**，並將透過原型所呈現的形象稱之為「**原始形象**」〔**圖1**〕。

最具代表性的原型有「**大母神（Great Mother）**」、「**阿尼瑪（Anima）**」、「**阿尼姆斯（Animus）**」、「**陰影（Shadow）**」等〔**圖2**〕。我們雖然無法意識到原型本身，但原型卻會對我們的日常意識產生極大的影響，此學說認為入睡時所做的夢就是原型的展現。

形塑出人類共通形象的原型

▶ 原型的意識化〔圖1〕

原型指的是形塑出人類潛意識中共通形象的普遍形式。人雖然無法意識到原型，但原型卻能以原始形象的方式浮現到意識層。

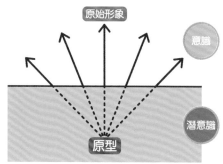

原始形象
意識
潛意識
原型

▶ 具代表性的原型〔圖2〕

阿尼瑪

男性在無意識中抱持的女性形象。阿尼瑪塑造出一般人心目中理想的女性形象。

女英雄、女神等

阿尼姆斯

女性在無意識中抱持的男性形象。阿尼姆斯會塑造出一般人心目中理想的男性形象。

英雄、博士等

智慧老者（Old wise man）

寬容接納所有人類的「父親」，是代表權威、倫理與秩序的原型，但也具有奪人自由的特性。

仙人、魔法師等

陰影（Shadow）

存在於潛意識中的另一個自己。屬於一個人的陰暗面，像是不良形象或負面形象等。

鬼、惡魔等

搗蛋鬼（Trickster）

屬於無視秩序與界線的淘氣人物，會破壞權力與權威。經常使用詭計來誆騙對方。

小丑、孫悟空等

大母神

溫柔接納所有人類的「母親」。慈祥和藹且充滿包容力，但也具有束縛他人的特性。

聖母、土偶等

令人好奇！心理學用語釋義 第2章

41 「阿德勒心理學」
[基礎]
人的行為都是為了達成目的？

主張人的行為**不是基於「原因」**，
而是**出於「目的」**的心理學！

　　阿德勒曾與佛洛伊德共同進行心理學研究。不過後來因為雙方想法出現歧異，阿德勒便與佛洛伊德分道揚鑣，並創立了**「阿德勒心理學（個體心理學）」**。

　　佛洛伊德認為，人的行為是起因於經驗或情感等**「原因」**，阿德勒則主張，人的行為並非基於原因，**人會為了達成「目的」而利用各種經驗或情感**。舉例來說，為了達成「不想跟他人有瓜葛」的目的，於是製造出「自己的個性很怕生」等理由。這項理論稱為**「目的論」**〔**圖1**〕。

　　當事情發展不能如己所願的時候，我們往往會歸咎於自身以外的原因，像是「因為沒錢」、「因為遭到反對」等等。阿德勒批評這是**「人生的謊言」**，並主張人應該要重新檢視對自己而言真正重要的目的，而且在達成目的的過程中，為了克服一路遇到的困難，**人應該要有勇氣**。

　　佛洛伊德將人的心理結構分為**本我、自我、超我**（➡P96），阿德勒則認為**個人已是無法再分割的最小單位**。這就是**「整體論」**。阿德勒主張個人為一個整體，為了達成目的會利用情感與進行思考〔➡P108 **圖2**〕。

　　阿德勒認為，**覺得自己比他人優秀的「優越情結」**才是讓人付諸

▶原因論與目的論
〔**圖1**〕

目的論主張，人的行為是為了達成「目的」而去利用各種經驗或情感。

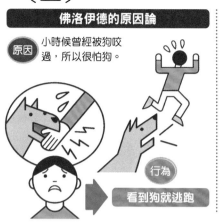

佛洛伊德的原因論

原因：小時候曾經被狗咬過，所以很怕狗。

行為
看到狗就逃跑

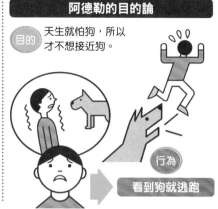

阿德勒的目的論

目的：天生就怕狗，所以才不想接近狗。

行為
看到狗就逃跑

行動的原因，在佛洛伊德所提出的「**防衛機制**」（➡P66）中，阿德勒特別重視「**補償作用**」〔➡P108 **圖3**〕。人從小就具有優越情結，然而周遭全都是比自己優秀的大人（父母親）或是年長的孩子（哥哥姊姊），因此便會產生自卑感。不過在這種情況下，「想學會各種事物」的補償心理會**讓人在逐步克服自卑感的過程中建立起人格**。

　　阿德勒對自卑感抱持正面的看法，但他認為，「因為長得不好看才結不了婚」這種以自卑感為藉口，試圖逃避人生課題的態度是不健全的。像這樣執著於自卑感的現象，稱之為「**自卑情結**」〔➡P109 **圖4**〕。

　　此外，阿德勒還主張，**人所抱持的煩惱幾乎都與人際關係有關，要解決這些問題，明確區分出自己與他人所應克服的課題才是關鍵所在**。這項觀點稱之為「**課題分離**」〔➡P109 **圖5**〕。

正因為有自卑感，人才會努力

▶ 整體論的概念〔圖2〕

阿德勒認為個人已是無法再分割的最小單位，因此內心並不會產生矛盾或是對立。

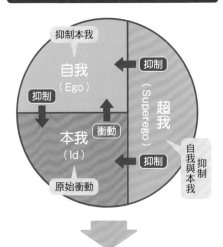

佛洛伊德所主張的心理結構

抑制本我

自我（Ego）

超我（Superego）

本我（Id）

衝動

抑制

抑制

抑制

抑制

原始衝動

自我與本我

抑制

內心會產生矛盾或對立！

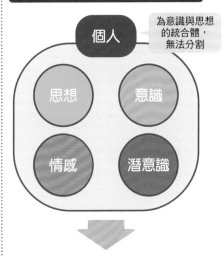

阿德勒所主張的整體論

個人

為意識與思想的統合體，無法分割

思想

意識

情感

潛意識

內心不會產生矛盾或對立！

▶ 阿德勒所注重的「補償作用」〔圖3〕

阿德勒認為「優越情結」是讓人付諸行動的原動力。人在感到自卑時，「補償」心理會發揮作用，讓人產生動力以克服自卑感。

哥哥　姊姊

上有兄姊的孩子具有特別強的「優越情結」，會為了超越兄姊而付出努力。

▶「自卑情結」與「優越情結」〔圖4〕

執著於自身的自卑感，想辦法找藉口敷衍自己與他人的行為，稱之為「自卑情結」。另一方面，為了隱藏自卑感，對他人誇示自己的優越之處，則稱之為「優越情結」。

自卑情結	優越情結

老是找藉口！

老愛誇示自己有多了不起！

實際上是個性內向的問題，卻自以為「因為我很矮，他們才不肯跟我做朋友」。

為了隱藏個子很矮的自卑感，而誇耀自己「年薪很高」、「學歷很高」等等。

▶課題分離〔圖5〕

阿德勒也很注重要明確區分出自己與他人所應克服的課題這項觀念。他並認為，自己無法左右他人的課題，因此沒有必要患得患失。

自身的課題
是否要對心儀的異性告白，可透過自己的意思來決定。

他人的課題
至於對方會做出什麼回應，則是自己無法干涉控制的。

令人好奇！心理學用語釋義 第**2**章

42 「身分認同」會隨著成長而形成？

[基礎]

原來如此！ 相信「自己是這樣的人」。又稱「自我同一性」，為青年期的發展課題！

佛洛伊德以原慾的發展階段（➡P98）來闡述人的成長過程，而心理學家艾瑞克森（Erik Homburger Erikson）則在佛洛伊德的發展理論中加入人際關係與社會活動的變化，**把一個人的生命週期劃分為8個階段**。而且艾瑞克森主張每個階段都有不同的**「發展課題」**，藉由克服這些課題才能形成健全的人格。

艾瑞克森的發展階段理論被稱為**「心理社會發展論」**。而生命週期的8個階段分別為**「嬰兒期」**、**「幼兒期」**、**「學前期」**、**「少年期」**、**「青年期」**、**「成年期」**、**「中年期」**、**「老年期」**〔**右圖**〕。

艾瑞克森尤其注重**青年期的發展課題**，也就是**「身分認同（自我同一性）」的確立**。身分認同指的是，相信「自己是這樣的人」。換言之，青年期可說是**「找尋自我」**的時期。藉由客觀地看待自己，將本我與社會自我統合為一，確立身分認同，並逐步摸索出未來的生存方式。

要盡到身為社會一分子的責任，必須獲取知識與能力，而獲取的過程是需要花費時間的。因此對於處在青年期階段的人，他們的社會義務與責任可以暫時得到免除或延緩。這種狀態稱之為**「未定型統合（moratorium，延緩期）」**。

身分認同會於青年期確立

▶ 生命週期的8個階段

艾瑞克森把人的一生劃分為8個階段，每個階段都有不同的發展課題。他主張要克服這些危機，才能為人格形成帶來正面影響。

嬰兒期 　　　　　　（0～1歲）

受到父母親等人無微不至照顧的時期。會培育出基本信賴感。

【發展課題】**基本信賴感**

若在這個時期產生不信任感，便無法擁有安全感，也很容易導致自我肯定感低落。

幼兒期 　　　　　　（1～3歲）

身體逐漸成長，能照自己的意思行動的時期。從如廁訓練等失敗經驗中進行學習。

【發展課題】**自律性**

若在這個時期被過度干涉或嚴厲責罵，容易產生羞恥感或變得易猜疑。

學前期 　　　　　　（3～6歲）

養成自制心，開始懂得遵守規矩的時期。能自主思考並做出行動。

【發展課題】**自主性**

若在這個時期被過度與其他孩子比較或經常遭痛罵，容易感到驚恐或產生罪惡感。

少年期 　　　　　　（6～12歲）

透過學習與玩樂，培養勤勉態度的時期。能學習到獲得周遭認同時的喜悅。

【發展課題】**勤勉性**

若持續無法獲得周遭的認同，自卑感會愈形強烈，容易養成怠惰的性格。

青年期 　　　　　　（12～25歲）

確立身分認同的時期。過程中雖會感到迷惘或痛苦，但會逐漸找出自身的特色。

【發展課題】**身分認同**

若無法順利形成身分認同，可能會產生自我意識過剩等「認同迷失」的狀況。

成年期 　　　　　　（26～35歲）

就業、結婚的時期。與異性建立起親密關係，察覺到共感的重要性。

【發展課題】**連帶性**

若無法與他人建立親密關係，便難以構築長期的人際關係而容易變得孤獨。

中年期 　　　　　　（36～65歲）

婚後為人父母，開始養育孩子的時期。傾注心力培養下一代。

【發展課題】**創建性**

若在教育孩子或指導下屬失敗時，便容易與周遭疏離。

老年期 　　　　　　（66歲～）

回顧人生的時期。重新檢視過往的發展階段，並加以統合。

【發展課題】**統合性**

若人生未能達成統合，便容易感到後悔，也很容易因為對老化與死亡感到不安而絕望。

Q 會有多少人注意到 你所穿的俗氣 T 恤？

約20% or 約50% or 約80% or 所有人

你穿了一件胸前印有大大的知名歌手肖像，簡直「俗氣到極點」的T恤，走進大教室。在你離開教室後，會有多少人注意到T恤上面的肖像呢？

　　這是心理學家吉洛維奇（Thomas Gilovich）做過的實驗。當時那件T恤上大大地印著美國知名歌手的肖像，相當醒目。

　　在這個實驗中，吉洛維奇請受試者們假扮成學生，穿著印有肖像的T恤走進教室。假扮成學生的受試者似乎對身上穿的這件T恤感到「非常丟臉」。詢問他們**「覺得教室裡會有多少人注意到你所穿的T**

恤？」答案平均約為50%。

另一方面，上完課後，詢問教室裡的人**「還記得穿著那件T恤的學生嗎？」**平均約有20%的人表示對那位學生有印象。

因此，正確答案約為20%。換句話說，其實人並沒有自己想像中那麼受到他人關注。以為**「自己在意的事物，別人也同樣會在意」**的現象，在心理學上稱之為**「聚光燈效應（Spotlight Effect）」**。也就是說，每個人都會有**「自我意識過剩」**的現象。而且還有實驗結果指出，**男性比女性更容易出現自我意識過剩的表現**。

穿著T恤的人

覺得教室裡大約有50%的人會注意到T恤上的肖像

在教室裡的人

大約只有20%的人注意到T恤上的肖像

實際上大約只有5分之1的人注意到！

有些人換了髮型或穿上與平時不同的服裝時，便會心想「不知道別人會不會覺得很怪」，但這種擔心其實是多餘的。請盡情地展現你所喜愛的穿搭風格吧。

43

[基礎]

「依附 (attachment)」
嬰兒為何與母親極為親密？

 原來如此！ 嬰兒喜歡與母親「接觸」。親子之間會透過「交互作用」建立情感連結！

為什麼嬰兒會如此依戀母親呢？

心理學家西爾斯（Robert Richardson Sears）主張，由於母親是滿足小寶寶有關空腹等**「生理需求」**的存在，因此嬰兒才會**「附帶地」**渴望被母親所愛。這就是**「次級驅力理論」**。

動物學家羅倫茲（Konrad Zacharias Lorenz）發現，鴨子等動物出生後，會將第一眼所見的動物當成「母親」，而且這項認知是半永久的。這稱之為**「銘印」**現象，會對初生的動物帶來極大的影響。

心理學家哈洛（Harry Harlow）曾以不會提供奶水的絨布母猴，以及會提供奶水的鐵絲母猴，對小猴子進行**「代理母親實驗」**，結果發現，比起奶水，體溫與肌膚相親等**「身體接觸（skinship）」**更能讓幼猴對母親產生依戀。這稱之為**「接觸慰藉」**〔**圖1**〕。

小兒科醫師鮑比（John Bowlby）將嬰兒與母親等照顧者之間所建立的情感連結稱為**「依附（attachment）」**〔**圖2**〕。當嬰兒哭泣或在後面緊追著媽媽時，媽媽就會抱起嬰兒或是跟他們說說話。這樣的**「交互作用」**會讓嬰兒更加依戀母親。因此，孩子若是在幼兒期與照顧者分離，就會因為失去依戀而陷入**「母愛剝奪」**的狀態，據悉日後的人際關係容易變得不穩定。

肌膚的溫暖比奶水更重要

▶ 哈洛的代理母親實驗〔圖1〕

哈洛將剛出生的小猴子與母親分開，並以會提供奶水的鐵絲母猴，以及不會提供奶水的柔軟絨布母猴，來調查小猴子喜歡哪一個。

鐵絲母猴
《提供奶水》

小猴子只有在想喝奶時才會接近。

絨布母猴
《不提供奶水》

小猴子隨時都黏在絨布母猴身邊。

➡ **母親的作用不光只是哺乳，透過觸摸也能讓孩子感到安心！**

▶ 形成依附關係的4個階段〔圖2〕

一般認為，依附關係會歷經4個階段，在3歲左右形成。

第 1 階段
（出生後至3個月大左右）

尚不具備辨識人臉的能力，因此在任何人面前都會哭泣或微笑。

第 2 階段
（3個月大～6個月大左右）

辨識人臉的能力大幅提升，會對父母親等經常接觸的對象做出反應。

第 3 階段
（6個月大～3歲左右）

能夠明確地辨識人臉，形成依附關係。看到不認識的陌生人會感到警戒和害怕。

第 4 階段
（3歲以後）

理解父母親的行為與情緒，且能用行動配合大人。父母親暫時離開身邊也不會感到不安。

依附關係會在孩子3歲前透過與照顧者的交互作用而形成。

令人好奇！心理學用語釋義 **第2章**

44 [基礎] 「社會心理學」 有關團體的心理學？

原來如此！ 人的心理與行為，不光起因於個人特性，還會受到所處「環境」的影響！

「社會心理學」是研究人的心理與行為受到社會哪些影響，以及對社會帶來何種影響的學問。被譽為「團體動力學之父」的心理學家勒溫（Kurt Zadek Lewin）主張，**「人的行為不光起因於個人特性，還會受到所處「環境」（場所）的影響」**。這稱之為**「場地論」**。勒溫以**「正引拒值」**與**「負引拒值」**分別為具有吸引力的事物，以及具有排拒力的事物命名〔**圖1**〕。

此外，勒溫還認為，團體行為與個人所做出的個別行為存在著不同的特性。舉例來說，針對某項決策，若是自己獨自做決定時會表示反對，但若團體表示贊成，自己就會跟著服從。這稱為**「團體動力學（Group Dynamics）」**。這項理論現在被應用於**團體凝聚力（團結力）**與**領導力**等領域。

而且勒溫還指出，人同時擁有許多欲望，「滿足了其中一項，就無法顧及另一項」的情況其實並不少，他將這樣的狀態稱之為**「衝突（conflict）」**。根據勒溫的理論，人的欲望分為正引拒值所引起的**「趨近」**，以及負引拒值所引起的**「迴避」**2種，他根據這2項作用的組合，將衝突**分為3種類型**〔**圖2**〕。

人的行為會受到環境影響

▶場地論與引拒值〔圖1〕

場地論提出正引拒值與負引拒值的概念。舉例來說，即使同樣是在公司（同一場所），根據工作內容不同，人也可能產生不同的行為。

正引拒值

對於喜歡的工作會積極處理。

負引拒值

對於不喜歡的工作會覺得提不起勁。

▶3種衝突類型〔圖2〕

根據「趨近」與「迴避」的不同組合，衝突（conflict）可以分為3種類型。

1

趨近 ＝ 趨近
雙趨型

苦惱不知該吃蛋糕
還是冰淇淋好

2

迴避 ＝ 迴避
雙避型

不想念書，
但又不想因此落榜

3

趨近 ＝ 迴避
趨避型

想去吃到飽餐廳，
但又想減肥……

45 「巴納姆效應」占卜為何能料中一些事？

[個人]

原來如此！ 即便是所有人通用的性格描述，
人也會對號入座，誤以為被說中了！

我們經常會聽到「A型的人做事仔細，B型的人我行我素」等有關血型的分析。然而，血型與性格之間的因果關係並未獲得實證，完全沒有任何科學根據。即便如此，血型分析依然讓人覺得「很準」的原因，據說是因為**「巴納姆效應」**。巴納姆效應指的是，**即便是所有人通用的性格描述，人也會對號入座，誤以為被說中的心理反應**。

人的性格原本就具有雙面性，無論是誰都會有仔細的一面，以及我行我素的一面。因此，當A型的人聽到「A型做事很仔細」時，就會覺得自己的個性被說中了，因而產生「很準」的錯覺。不只血型分析，大部分的占卜都是透過**雙面性說法**，營造出**「一定能說中幾項」**的情境〔**圖1**〕。

儘管人們對占卜存疑，占卜卻還是很受歡迎，其原因在於，**人會出自本能地想得知有關自身的資訊**。這稱之為**「自我認知需求」**。而自我認知需求還可以分為2種：針對已經有所自覺的情況再度進行確認的**「自我確認」**，以及針對自身無所覺的情況進行了解的**「自我擴張」**。換言之，即使算得不準也能讓人得知自己未知的一面，這就是占卜〔**圖2**〕。

無論是誰都會想得知有關<u>自身的資訊</u>

▶ 巴納姆效應〔1〕

對所有人通用的性格描述自行對號入座，誤以為被說中的心理反應。雙面性說法會對當事人產生強烈作用。

平時總是**小心謹慎**，但有時也會變得**大膽**

個性**一板一眼**，但基本上相當**我行我素**

個性十分**認真**，但意外地很有**幽默感**

你的**個性非常開朗**，但其實**很怕寂寞**

你很容易**優柔寡斷**，但也具備**決斷力**

你做事**努力**且有**責任感**，但往往會感到**不安**或**煩惱**

▶「自我確認」與「自我擴張」〔2〕

同樣是有關自身的正面資訊，自我擴張所獲得的滿足感會比自我確認來得大。

妳好可愛喔！

謝謝。

他又誇獎我了……

自我確認 自身已知的自我資訊

妳感覺很有毅力耶！

哇！我給人這樣的感覺嗎？

真開心！

自我擴張 自身所不知的自我資訊

令人好奇！心理學用語釋義 **第2章**

Q 與工作上的往來對象應保持怎樣的距離？

> 50公分以內 or 100公分前後 or 3公尺以上

如何拿捏與他人的距離感是相當困難的。心理學研究已證實，如果不認識的人靠自己太近，會令人感到不愉快。那麼，如果是工作上往來的對象，應該保持怎樣的距離才適當呢？

每個人都有自己感到舒適的空間距離，**一旦這個自我空間被人侵犯，就會感到不舒服**。這稱之為「**個人空間（Personal Space）**」。電車內靠近角落的位置最受青睞，以及搭新幹線時坐在三人座中間會覺得尷尬，都是受到個人空間概念的影響。

個人空間會**隨著自己與對方的關係而改變**。如果是情人或家人，

就算處於可以彼此相擁的「**親密距離**」，也不會令人感到不自在。如果是朋友關係的話，一般認為能看清楚對方表情的「**個人距離**」最為適當。個人距離會因人而異，大約為45～120公分。換句話說，若彼此並非朋友，卻離對方不到120公分時，就很有可能會令對方感到不舒服。

至於主管等工作上往來的對象，保持能互相交談，但伸手碰不到對方的「**社交距離**」是最適當的。一般認為此距離為100公分左右。相隔3公尺以上的「**公眾距離**」，則適合演講或授課等一對多的溝通方式。

個人空間

換句話說，這個問題的正確答案為100公分左右。個人空間也存在男女差異，**男性的個人空間為前長、左右與後方短的「橢圓形」；女性的個人空間則為前後左右均等的「圓形」**。順帶一提，警戒心強、個性內向者的個人空間會比較大。而這類型的人具有男多於女的傾向。

46 「五大人格特質理論」
[基礎]
能看出性格的檢查法？

原來如此！ 人的性格會透過**外向性**、**神經質**、**嚴謹性**、**親和性**、**開放性**這5項特質顯現出來！

　　描述性格的詞彙林林總總，像是「溫和」、「認真」等等，話說回來，**「性格」**究竟是什麼呢？在心理學上，性格指的是**「一個人較為固定的心理、行為模式」**。

　　自古以來，我們一般習慣以**類型（type）**來說明性格，這稱之為**「類型論」**。最具代表性的例子就是「A型人較為神經質」的**血型分析**，然而，其實任何人都具有神經質的一面。因為人的性格具有多種面向，所以將人的性格單純分類的類型論必然有其極限。

　　因此，現在心理學的主流方法是，調查一個人所展現的各種特質（特徵），並**根據這些特徵的「量」來分析性格**。這樣的想法稱為**「人格特質理論」**。

　　人格特質理論中最具權威的理論之一，是由美國心理學家戈德堡（Lewis R. Goldberg）等人所提出的**「五大人格特質理論」**。這是將人的性格分為**「外向性」**、**「神經質」**、**「嚴謹性」**、**「親和性」**、**「開放性（好奇性）」5種特質**的理論，在日本還有透過150道問題測驗性格的檢查法。根據這5個座標軸的「量」，就能明確呈現出一個人的性格，像是「外向且具有神經質傾向，但不太具有好奇心」等等〔**右圖**〕。

▶五大人格特質理論所闡述的性格

五大人格特質理論的5項特質，被認為是無關語言與文化圈差異的人類共通特性。針對自身情況，像是「交友廣闊」、「會為了小事煩惱」等回答大約150道題目後，便能得到結果。

外向性

高的人	低的人
●活潑好動	●內向
●喜愛冒險	●消極
●具社交性	●冷靜

據說性格約有50%是受到基因影響，不過性格也會隨著環境與經驗而有所改變

開放性

高的人
●具革新性
●富藝術性
●富創造性

低的人
●保守
●中規中矩
●重形式

神經質

高的人
●神經質
●敏感
●抗壓性低

低的人
●溫和沉穩
●粗線條
●抗壓性高

親和性

高的人	低的人
●具合作精神	●自我中心
●溫和敦厚	●冷漠
●具利他精神	●倔強

嚴謹性

高的人	低的人
●勤奮	●缺乏責任感
●思慮周詳	●意志薄弱
●認真	●不認真

47 「艾希曼實驗」
[基礎]
任何人皆會屈服於權威？

原來如此！ 這項實驗是為了驗證即使**權威者**下達**殘忍的命令**，其他人仍會乖乖聽命的「**服從心理**」！

　　艾希曼（Adolf Eichmann）是在德國納粹政權下，負責將猶太人送往集中營的軍官。而「**艾希曼實驗（米爾格倫實驗）**」就是透過「**接獲權威者的命令時，是否任何人都會做出殘虐行為？**」的方式，來驗證人類是否具有「**服從心理**」。

　　艾希曼實驗是心理學家米爾格倫（Stanley Milgram）所設計出來的。他以「**處罰效果研究**」為名，召集了一批受試者，把他們分為2人1組，其中1人扮演老師，另1人則扮演學生，並讓他們分處不同房間。房間裡則備有麥克風與揚聲器。

　　在這個實驗中，扮演老師的人會對扮演學生的人出問題。這時研究者會指示老師，如果學生答錯就必須給予電擊，並且命令他們要**隨著學生答錯次數的增加，提高電擊強度**。研究者還告知這些扮演老師的人，電擊的**最高強度為450伏特，具有致命的危險性**。學生受到電擊時，他們的慘叫聲會透過揚聲器傳到老師的耳裡。然而，研究者**命令40位扮演老師的人繼續進行實驗，其中有26人持續給予電擊，直到提高至最強的450伏特**〔**右圖**〕。

　　由此實驗可知，收到權威人士下達的命令時，即便是極為殘酷的行為，大多數的人也都會服從權威。

▶ 艾希曼實驗證實了人具有「服從心理」

扮演老師的人按下電擊按鈕後，房間內的揚聲器就會傳來配合電擊強度事先錄好的慘叫聲。

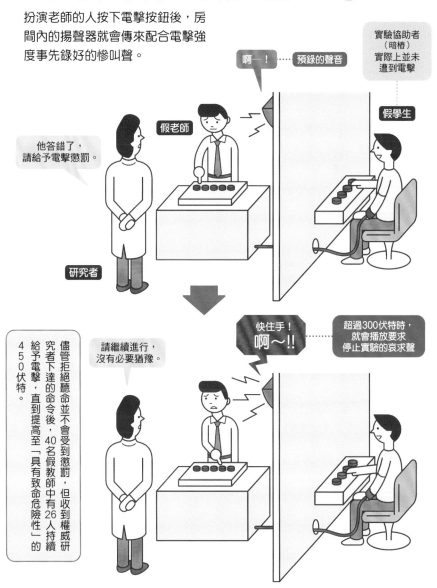

實驗協助者（暗樁）實際上並未遭到電擊

假學生

啊—！ …… 預錄的聲音

假老師

他答錯了，請給予電擊懲罰。

研究者

超過300伏特時，就會播放要求停止實驗的哀求聲

快住手！啊～!!

請繼續進行，沒有必要猶豫。

儘管拒絕聽命並不會受到懲罰，但收到權威研究者下達的命令後，40名假教師中有26人持續給予電擊，直到提高至「具有致命危險性」的450伏特。

令人好奇！心理學用語釋義 **第2章**

48 「需求層次理論」
[基礎] 需求也有分層次？

原來如此！ 當「**生理需求**」、「**安全需求**」「**社會需求**」等獲得滿足後，人才能發揮**創造力**！

　　心理學將促使人採取行動的內在動力稱為「**需求（動機）**」。心理學家馬斯洛（Abraham Maslow）把人的需求劃分成**5個層次**。這5個層次分別為「**生理需求**」、「**安全需求**」、「**愛與歸屬需求**」、「**尊重需求**」、「**自我實現需求**」。馬斯洛主張，人會從滿足最底層的生理需求開始，依序向上追求更高的層次〔**右圖**〕。

　　生理需求指的是**食慾**和**睡眠慾**等攸關生存的基本需求。當食慾獲得滿足後，**想確保人身安全**的安全需求就會變強烈。因此人才會尋求安全的住處，配合氣候穿著適當的衣物。

　　在安全需求獲得滿足之後，人接著就會尋求家人的**關愛**，想要有戀人或朋友，並希望在公司等團體有一個**歸屬**。當愛與歸屬的需求獲得滿足後，渴望得到他人的認同、希望獲得**好評價**的社會需求就會變強烈。

　　而尊重需求獲得滿足的人，便會想讓自己更加成長、**希望能自我提升**，產生自我實現的需求。於是，人便不會在意他人的評價，而能展開具創造性和自律的行動。馬斯洛認為這才是人的理想生活方式。馬斯洛提出的心理學相當注重個人主體性，被稱之為「**人本主義心理學**」。

「自我實現」是最高層次的需求

▶ 馬斯洛的需求層次理論

需求層次理論把自我實現需求視為「成長需求」，除此之外的其他項目則被視為「基本需求」。實際上也有些人是直接跳過某些需求，出於自我實現需求而採取行動的。雖然需求層次理論並沒有實證研究佐證，仍舊獲得極高的評價。

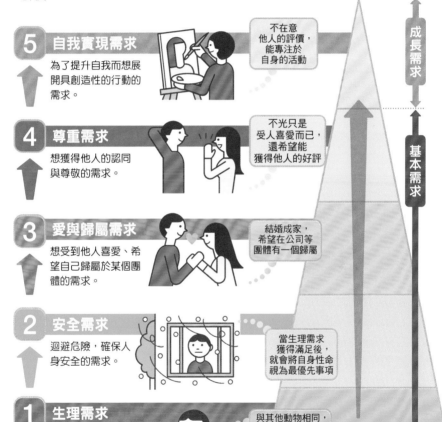

5 自我實現需求
為了提升自我而想展開具創造性的行動的需求。

> 不在意他人的評價，能專注於自身的活動

4 尊重需求
想獲得他人的認同與尊敬的需求。

> 不光只是受人喜愛而已，還希望能獲得他人的好評

3 愛與歸屬需求
想受到他人喜愛、希望自己歸屬於某個團體的需求。

> 結婚成家，希望在公司等團體有一個歸屬

2 安全需求
迴避危險，確保人身安全的需求。

> 當生理需求獲得滿足後，就會將自身性命視為最優先事項

1 生理需求
包括食慾與睡眠慾等等，對人而言最基本的需求。

> 與其他動物相同，基於對飲食的需求而做出行動

成長需求

基本需求

「演化心理學」
人的心理仍停留在史前時代？

原來如此！ 演化心理學是從**生物演化**的觀點來解析**人類心理**的學派！

　　大約700萬年前，人類出現在地球上，而現今人類的祖先「智人（Homo sapiens）」則在20多萬年前誕生。直到大約1萬年前才開始出現農耕活動，在此之前，人類一直過著**狩獵採集的生活**。因此可以推斷，現代人的心理還是受到狩獵採集時代的影響。像這樣，**從生物演化的觀點來解析人類心理的學派**，稱為**「演化心理學」**。演化心理學與整個心理學相關，甚至涉及了人類學等領域。

　　在演化心理學中最具代表性的研究成果為**「鄧巴數（Dunbar's number）」**。這是人類學家鄧巴（Robin Dunbar）從靈長類的大腦大小與群體大小的關聯中，研究得出**一個人最多只能與150個人維持穩定的往來關係**，並將此數字命名為**鄧巴數**〔**圖1**〕。

　　在狩獵採集時代，對於結伴進行狩獵的男性而言，受到成員的認同以及維持團體秩序，堪稱攸關性命的重要大事。因此演化心理學認為，這也影響了現代男性的**認同需求**與**形成上下關係的需求**。另一方面，在男性出外狩獵時，女性為了維持良好的群體關係，彼此會**頻繁地交換資訊**。受此影響，**女性在各方面的溝通能力也比較好**〔**圖2**〕。

生物演化對人類心理所帶來的影響

▶ 鄧巴數與組織的關係〔圖1〕

鄧巴發現一個人只能與大約150個人維持穩定的人際關係（能辨識出每個不同的對象），並將此數字稱為鄧巴數。

150人左右的組織

當組織成員為150人左右時，由於可以掌握所有人資訊，因此易於統整團隊，維持工作效率。

150人以上的組織

當組織成員超過150人時，如果沒有採取分組管理，打混摸魚或稱病缺席等情況也會變多，將導致工作效率下降。

▶ 狩獵採集時代所留下的心理影響〔圖2〕

距今大約1萬年前，人類開始從事農耕，生活環境也因而大幅改變，然而一般認為，人類的心理並沒有為了適應變化而有相應的演化。

男性 在狩獵採集時代，跟隨領導者並維持團體秩序，以及狩獵能力獲得認同是很重要的事。

現代的男性在組織內也往往具有強烈的認同需求，並且相當重視上下關係

女性 在狩獵採集時代，當男性外出時，女性之間的交流互動是很重要的一件事。

現代的女性在各方面的溝通能力，相對來說都比較好

令人好奇！心理學用語釋義 **第2章**

50 「行為經濟學」
[基礎] 經濟活動其實並不合理？

原來如此！ 探究<u>心理</u>會對<u>經濟活動</u>造成什麼影響的學問，如「<u>錨定效應</u>」、「<u>展望理論</u>」等。

買賣東西的相關機制，其實屬於「經濟學」的範疇。不過，「自己絕對不會買來喝的高級紅酒，若是要送人的話則願意購買」等，則與人的心理反應有所關聯，從某種意義上來看，這也是不合理的經濟活動。近年來受到矚目的**「行為經濟學」**，就是**探討人的情緒與直覺等會對經濟活動造成什麼影響的學問**。

舉例來說，**人往往會以最初獲得的資訊來作為判斷的基準**。這稱之為**「錨定效應（Anchoring Effect）」**。看到「下殺2折！」、「打7折」等廣告時，即使不知道原本的定價為何，也會因為折扣幅度大而感到「很超值」。

「展望理論（損失規避）」在行為經濟學中頗受重視。這是人的一種普通心理，亦即**「面對可能獲利的情況時，會想要規避風險」**，**「面對可能損失的情況時，會想要規避損失」**。「期間限定」、「數量有限」等廣告詞，便是應用了展望理論〔**圖1**〕。

「沉沒成本（Sunk Cost，埋沒成本）」則是指**已經付出且無法回收的時間、金錢與勞力**。舉例來說，在吃到飽餐廳明明已經撐到不行了，卻為了要「回本」而繼續吃，就是因為沉沒成本效應讓人無法進行合理判斷的緣故〔**圖2**〕。

心理學 與 經濟學 的融合

▶ 錨定效應與展望理論〔圖1〕

錨定效應	展望理論
最初的印象會對判斷產生強烈的影響！	規避損失比獲得利益更重要！

當看到「定價1萬圓打5折」的折扣標示時，即使不知道原始定價是否合理，也會令人覺得撿到便宜，省下了5000圓。

當點數有效期限快到時，規避損失的心理就會產生作用，讓人買下不怎麼想要的商品。

▶ 沉沒成本效應與應用實例〔圖2〕

「不想浪費沉沒成本」的心理，亦被應用於行銷方面。

沉沒成本
- ◆金錢成本
- ◆時間成本
- ◆勞力成本

不合理的判斷

出於「好可惜」、「要回本」的情緒，而無法做出合理的判斷。

[**DIY系雜誌**]

購買每期都附上組裝零件的模型雜誌時，便會認為「若是半途收手，之前買的那些就等於白費了」。

[**免費試用版**]

體驗過免費服務後，便會認為「反正都已經註冊了」而加入付費服務。

[**手機付費遊戲**]

付費型的手機遊戲就是利用「不能在這節骨眼放棄不玩」的心理，讓玩家購入各種裝備。

「認知心理學」
記憶與心理有何關聯？

原來如此！ 將記憶與知覺比喻為電腦軟體，
探究人受到刺激時會產生何種反應的學問！

「記憶」為**認知心理學**的主要研究主題之一。認知心理學是指，**將人的記憶與知覺等比擬為電腦軟體（資訊處理系統），藉以探討心理機制的學問**。換句話說，這個學派將人腦比喻為電腦硬體，心（意識）比喻為軟體，並調查它們接收到輸入（刺激）後，會如何輸出（反應、行為）〔**圖1**〕。

記憶必須依序經過「**編碼（銘記）**」、「**儲存（保存已銘記的事物）**」、「**檢索（喚出已銘記的事物）**」這3道程序才能正常有效運作。心理學認為記憶的儲存可以分為「**感覺記憶**」、「**短期記憶**」與「**長期記憶**」3種。

人的感覺記憶是儲存從眼睛、耳朵、鼻子等五官所接收到的大量資訊，但這些記憶多半會在1秒內消失。剩餘的資訊會被送往短期記憶庫，但幾乎也是在幾分鐘內就會消失。

不過，**印象深刻**或是**被反覆複誦（rehearsal）**的短期記憶，則會被送往長期記憶庫。我們一般所稱的「記憶」，指的就是這個長期記憶。長期記憶可以在必要時提取利用。長期記憶還分為透過身體記住的「**程序性記憶**」，以及透過語言回想的「**陳述性記憶**」〔**圖2**〕。

記憶形成的機制

▶ 認知心理學理論〔圖1〕

認知心理學是隨著電腦開發而發展出來的學派。將人的大腦比喻為電腦硬體，心（意識）比喻為軟體（程式），是認知心理學的基本思維。

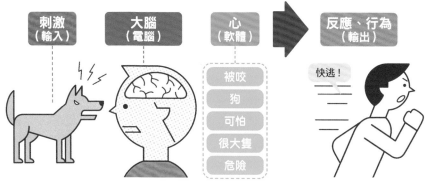

透過五官的感受，將有狗逼近的這項刺激（資訊）輸入腦中。

從過去的記憶中認知到狗是很危險的存在，因而做出拔腿就跑的反應。

▶ 短期記憶與長期記憶〔圖2〕

在短期記憶中，因強烈刺激而留下深刻印象的資訊，以及在腦海裡反覆「複誦（rehearsal）」的資訊，都會被儲存為長期記憶。

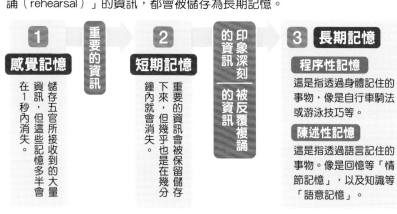

1 感覺記憶
在1秒內消失。儲存五官所接收到的大量資訊，但這些記憶多半會

重要的資訊

2 短期記憶
重要的資訊會被保留儲存下來，但幾乎也是在幾分鐘內就會消失。

印象深刻的資訊｜被反覆複誦的資訊

3 長期記憶

程序性記憶
這是指透過身體記住的事物，像是自行車騎法或游泳技巧等。

陳述性記憶
這是指透過語言記住的事物。像是回憶等「情節記憶」，以及知識等「語意記憶」。

令人好奇！心理學用語釋義 **第2章**

52 「ABC理論」信念能改變結果？

原來如此！ 個人對事件**抱持的信念會帶來不同的結論**！捨棄「**不合理的信念**」無比重要！

遭逢**失敗**或**失戀**等情況時，任何人都會感到沮喪。然而，同樣是遭遇失敗，有些人很快就能振作起來，有些人卻一蹶不振。這其中的差異究竟在哪裡？

美國臨床心理學家艾利斯（Albert Ellis）指出，人對於「**事件（A**ctivating event）」的「**信念、想法**（**B**elief）」會決定「**結果（C**onsequence）」，並據此提出「**ABC理論**」。舉例來說，對於工作上失敗「這件事」，若是抱持著「自己很沒用」的看法，就會導致失去動力。不過，若是抱持「這次的失敗是成長的動力」這樣的信念，就會讓人願意積極努力。換句話說，左右結果的並非事件本身，而是個人抱持的**信念會改變結果**。ABC理論可視為**認知心理學**（➡ P132）的一種。

艾利斯認為信念還分為「**合理的信念**」與「**不合理的信念**」，不合理的信念會令人感到不安或無力。而透過「**反駁**（**D**ispute）」不合理的信念，便能產生「**效果**（**E**ffect）」。這就是「**ABCDE理論**」〔**右圖**〕。

對「自己很沒用」這項不合理的信念，提出「任何人都會失敗」的反駁，便能得到「再怎麼懊惱也無濟於事」的新效果。

「信念」會改變一個人的生活態度

▶ 透過想法來解決煩惱的「ABCDE理論」

這個理論指的是，對於無法控制的客觀「事件」，透過改變由主觀控制的「信念」，便能解決人生的煩惱。

A Activating event
事件

像是失戀等現實中所發生的情況。

B Belief
信念

產生「自己很沒用」這種「不合理的信念」。

C Consequence
結果

喪失自信、變得無精打采等，導致精神狀態不佳。

此為客觀事實，個人無法控制

D Dispute
反駁

「真的是這樣嗎？」、「有什麼根據或是證據嗎？」、「這只是我的偏執想法吧？」透過上述問題來反駁「不合理的信念」，並提出合理的看法。

可以參考諮商心理師的建議，或是透過自問自答找出理由反駁

失戀是一件很正常的事

失戀與個人人格是兩碼子事

E Effect
效果

找到可以反駁「不合理的信念」的理由時，就能形成新的「合理的信念」。

這是讓自己找到合適新對象的好機會！

53 「正向心理學」
[個人] 能讓人變幸福的心理學？

 原來如此！ 「正向心理學」是追求幸福的心理學。透過「PERMA」來達成「Well-being」的目標！

　　「幸福」究竟是什麼呢？在心理學中，與幸福感有關的概念是**「由下而上理論」**與**「由上而下理論」**。由下而上理論主張，幸福感是由正面事件的加總來決定的。另一方面，由上而下理論則認為，無關事件本身的性質，「如何看待事件」的個人想法與性格才是決定幸福感的關鍵，**近年來由上而下理論則成為更為有力的說法。**

　　在這當中，心理學家塞利格曼（Martin E. P. Seligman）為了追求「幸福快樂的人生」而創立了**「正向心理學」**。以往心理學（尤其是臨床心理學）會針對不安或神經症（精神官能症）等提供治療，主要目的在於**「消除不幸」**，但正向心理學則是將焦點放在正面的事物上，以期讓所有人都能變得幸福。

　　明確區分**「一時的快樂」**與**「人生的幸福」**也是正向心理學的特色，目標在於追求**「Well-being（神采奕奕的狀態）」**。為達成此目標，必須持續保有**「正向情緒（Positive Emotion）」**、**「全心投入（Engagement）」**、**「正向人際（Relationship）」**、**「生命意義（Meaning）」**、**「成就感（Achievement）」**這5項心理學元素。取這些元素的第一個字母，簡稱為**「PERMA」**〔**右圖**〕。

追求「幸福」的新興心理學

▶ 正向心理學的基本為「PERMA」

正向心理學重視讓所有人都能過著長久的幸福人生（Well-being），為此提出了「PERMA」的五大具體元素。

P ositive Emotion 　正向情緒

喜悅、愉快、歡笑、感謝等正面情緒，具有消除負面情緒的作用，能提升幸福感。

E ngagement 　全心投入

全神貫注於感興趣的活動上，甚至忘了時間。由於專注力會隨之提升，工作效率與產能也會提高。

R elationship 　正向人際

與家人或朋友等親近的夥伴分享正面情緒，以及對他人做出貢獻時，自己也會感到幸福。

M eaning 　生命意義

與價值觀有關的元素，當認為自身從事的活動對自己的人生與社會是有價值與意義的，在想及它的重要性時，便會感到幸福。

A chievement 　成就感

透過自身的活動達成某項目標時，幸福感會隨之提高。此外，還會產生勝利的喜悅或成就感這種正面情感。

54 「逆轉理論」
為何人會喜歡刺激的事物？

[生活]

當**不安**與**恐懼**被釋放時就會「**逆轉**」為興奮！
負面情緒愈強，轉成**正面情緒**的能量也愈強！

　　主題樂園的刺激遊樂設施和鬼屋都是很受歡迎的項目，但為什麼人會刻意讓自己受驚嚇呢？這是**因為人會想藉由刺激的活動來體驗膽顫心驚的感覺**。

　　心理學家勒格朗（Fabien Legrand）曾針對遊客搭乘刺激遊樂設施前的不安程度，以及搭乘後的興奮程度進行調查。結果發現，遊客搭乘前的不安感愈強烈，搭乘後的興奮感則愈高。這是因為**不安、恐懼、緊張等情緒愈強烈，從這種負面狀態獲得解放時的興奮感就會愈高**。這稱之為**「逆轉理論（Reversal theory）」**〔**圖1**〕，也就是不安與興奮的情緒會產生逆轉。約會時搭乘刺激的遊樂設施可望產生**吊橋效應**（➡P42），也是因為刺激感與恐懼感所引發的心跳加速現象會逆轉變成戀愛情感的緣故。

　　除此之外，人有時會因為熱衷於某事物或是過於全神貫注，甚至忘了時間。心理學家契克森米哈伊（Mihaly Csikszentmihalyi）將這種狀態稱為**「心流（flow）」**，他主張**進入心流狀態能讓人獲得充實感與幸福感**。而構成心流的條件是，儘管感到不安或緊張，但能發揮自己的能力，挑戰解決與自己能力接近的課題。為了維持專注力，不安與緊張的情緒是不可或缺的要素〔**圖2**〕。

不安或恐懼會「逆轉」變成興奮

▶ 逆轉理論的主張〔圖1〕

下面是以圖表的方式來呈現逆轉理論。當不安或緊張的情緒愈強烈，逆轉後便能獲得愈高的興奮感，快樂度也會隨之上升。

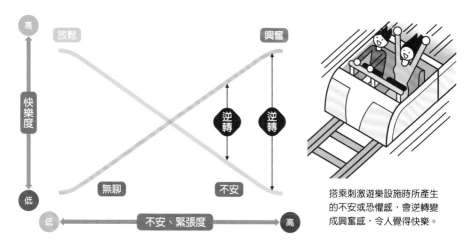

搭乘刺激遊樂設施時所產生的不安或恐懼感，會逆轉變成興奮感，令人覺得快樂。

▶ 心流理論的主張〔圖2〕

心流是一種專注到幾乎忘了時間的狀態，又被稱為「化境（zone）」、「無我之境」。

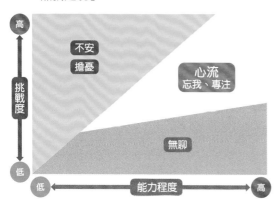

構成心流的條件

● 具有明確的目標
● 能維持高度的專注力
● 聚精會神到幾乎忘我的程度
● 渾然不覺時間的流逝
● 成果能帶來回饋
● 必須下功夫才能達成目標
● 目標在本質上具有價值
● 可以自行掌控狀況
　等等

令人好奇！心理學用語釋義 第**2**章

55 「負面情緒閾值」
[戀愛]
感情愈吵愈好？

活用「**因應理論**」，冷靜地敞開心胸
好好溝通，伴侶關係才能長長久久！

常言道「感情愈吵愈好」，真的是這樣嗎？

心理學家高特曼（John Mordecai Gottman）與數學家莫瑞（James Murray）看待伴侶關係時，特別注重**「負面情緒閾值」**。負面情緒閾值（感受到的程度）指的是**「對伴侶發怒的臨界點」**。閾值高的伴侶能忍受彼此的不滿；閾值低的伴侶則會因小事而手吵。調查結果發現，**關係走向破裂的往往是閾值高的伴侶**。由於彼此不滿的情緒會愈積愈多，一旦爆發就會產生無法修補的裂痕〔**圖1**〕。

只不過，被憤怒或悲傷的情緒沖昏頭而與對方爆發口角的行為，也不值得鼓勵。**立刻將情緒訴諸言語時，有可能會導致記憶扭曲**。這稱為**「語言遮蔽效應（Verbal Overshadowing Effect ➡P219）」**。

美國心理學家拉扎勒斯（Richard Lazarus）所提出的**「因應理論（Coping Theory）」**，有助於避免爭吵愈演愈烈。因應指的是處理與解決壓力的方法，最具代表性的就是排除壓力對象的**「問題焦點因應」**，以及改變看法與思維方式，藉此減輕壓力的**「情緒焦點因應」**〔**圖2**〕。

釐清壓力的真面目，不感情用事、彼此有話直說，可謂維持長久伴侶關係的祕訣。

應避免「忍耐」與「情緒化」

▶ 負面情緒閾值與分手率之間的關聯〔圖1〕

從負面情緒閾值的調查得知，不要認為「反正對方也不會理解」而冷處理，說出彼此的不滿，持續修復關係，才是維持良好關係的關鍵。

閾值低的伴侶

爭吵不休的伴侶雖然很少進行積極正面的談話，但可以適度宣洩壓力。

分手率低

閾值高的伴侶

累積不滿情緒的伴侶，表面上會進行許多積極正面的談話，但情緒一旦爆發時，就會演變成嚴重的爭執。

分手率高

▶ 最具代表性的2種因應理論〔圖2〕

「因應理論」提出要有意識地處理壓力反應，有以下2種代表類型。

問題焦點因應

重點 解決原因

方法 目標在於解決壓力對象，例如，覺得「家事的負擔太大」等等。與家人或朋友商量對策，請求協助也很重要。

情緒焦點因應

重點 控制情緒

方法 改變對問題的看法、透過興趣或旅行等轉換心情，藉此減輕壓力。

56 「後設認知」、「周哈里窗」客觀看待自己的方法？

[個人]

原來如此！ 「**後設認知**」是指客觀看待自己的行為。透過「**周哈里窗**」可以提升此能力！

　　無論是誰都會因為「**高人一等效應**」（➡P70）而高估了自己。然而要提升自身的能力，就必須正確理解自己目前的能力。因此重要的是，在看待自我認知（思考或知覺、行為等）的時候要採取「**客觀認知**」，也就是**採用宛如第三者的觀點來俯瞰全局**。這種「**高層次（meta）**」的自我認知行為被稱為「**後設認知（Metacognition）**」。

　　有助於提升後設認知能力的是「**周哈里窗**」分析。周哈里窗為心理學家喬瑟夫（Joseph Luft）與哈利（Harry Ingram）所想出的人際關係模式，他們**將人的自我領域（窗）劃分為4項**。「**開放我**」指的是自身與他人所知的自己。相對於此，「**盲目我**」是自身未察覺，但他人所知的自己。自身知道但他人不知道的自己是「**隱藏我**」，自身與他人皆不知道的自己則是「**未知我**」〔右圖〕。

　　為了客觀地看待自身，讓他人了解自己，並透過對方得知「自己是怎樣的人」是很重要的。也就是說，要提升後設認知能力，藉由如實展現自身內心世界的「**自我揭露**」（➡P80），再進一步**拓展開放我**，是最有效的方法。

自身所見的自己與他人所見的自己

▶ 認識自我的「周哈里窗」

周哈里窗是以圖像化的形式，將自我領域比擬為4扇窗，目的在於促使人際關係更加圓滑。

令人好奇！心理學用語釋義 **第2章**

從處理問題的方式看個性！
遇到困難時你會如何因應？

這名小朋友因為玩具壞掉而不知所措。母親對他說：「真傷腦筋，這個玩具飛機媽媽也不會修理耶。」小朋友聽到後會怎麼回應呢？請從下列9個對話框中做選擇。

❶
玩具都壞成
這樣了

❷
那怎麼辦

❸
這玩具
原本就壞了

❹
都是
媽媽害的

❺
是我的錯

❻
這個很常
壞掉

❼
媽媽想辦法
修理啦

❽
我自己修理

❾
拿去給人家
修理

測驗結果

❶ 強調問題型 指出問題並加以強調，以表明不滿。

❷ 壓抑問題型 不指出問題，不將不滿表現出來

❸ 否定問題型 輕描淡寫帶過問題，有時則予以否定。

❹ 攻擊型 將敵意朝向引發問題的人事物。

❺ 自責型 責怪自己，但大多會找藉口。

❻ 容忍型 認為此乃無法避免的情況，原諒引發問題的人物。

❼ 依賴他人型 強烈期待他人來解決問題。

❽ 努力型 自行努力以解決問題。

❾ 遵守規則型 服從規則或習慣，以期能解決問題。

〔解說〕

　　當問題發生卻又無法按照自己的意思處理時，就會令人感到**挫折（frustration）**。心理學家羅森茨威格（Franz Rosenzweig）根據人在面對挫折時的反應，提出了可以劃分性格類型的檢查法。這稱之為**「羅氏逆境圖畫測驗（Rosenzweig picture-frustration study，P-F Study）」**。

　　羅氏逆境圖畫測驗會讓受試者觀看描繪挫折場景的圖畫，並請其寫下「當事人會如何回應」，再透過這些回答來替受試者做性格上的分類。此項測驗歸納出的性格包括**執著於問題本身**（❶❷❸）、**執著於問題的責任**（❹❺❻）、**執著於解決問題**（❼❽❾）的3種**「反應型」**，以及**責怪他人**（❶❹❼）、**責怪自己**（❷❺❽）、**壓抑**（❸❻❾）這3種**「攻擊方向」**組合而成的9種類型。透過這項測驗，能得知一個人遇到挫折時的心理反應與性格。

2

將人的性格分為8種類型的分析心理學創始人

卡爾・古斯塔夫・榮格

（1875－1961）

榮格（Carl Gustav Jung）出身於瑞士，於巴塞爾大學攻讀醫學後成為精神科醫師，後來受到佛洛伊德的啟發而成為他的弟子。佛洛伊德將性衝動「原慾」（→P98）視為人類行為的原動力，不過榮格卻對此學說提出異議，因而與佛洛伊德分道揚鑣。

榮格認為，人不只具有個人潛意識，位於潛意識的最底層還有人類共通的「集體潛意識」（→P104），並將人類共通的普遍形象模式命名為「原型」（→P104）。

除此之外，榮格還根據心理能量（興趣或好奇）流動的方向，將人大致分為「外向型」與「內向型」，並進一步把人的內心劃分為「思考」、「情緒」、「感覺」、「直覺」等8種類型進行分析。榮格所創立的心理學被稱為「分析心理學」。他所提出的治療法並非分析病人後再加以指導，而是透過與病人對話及夢境分析等，從病人潛意識所浮現的意象來探究病因。這種注重病人的治療方式，成為臨床心理學的基礎。

榮格在瑞士設立榮格研究所，傾注心力栽培後進也是其著名事蹟之一。將榮格心理學引進日本的河合隼雄曾前往榮格研究所學習，並成為第一位取得榮格分析師證照的日本人。

第**3**章

還想知道更多！
心理學的
各種機制與技巧

透過心理學能更加理解自己與他人。
本章除了解說 HSP 與心理韌性等最新的心理學概念外，
還會進一步帶領讀者了解心理學的各種機制與技巧。

57 敏感屬於一種人格特質？淺談「HSP」

[個人]

原來如此！ 「HSP」是指稱**高敏感族群**的**心理學概念**。
這是一種易受**刺激，共感力高**的性格特質！

「HSP」是「Highly Sensitive Person」的縮寫，意指**「高敏感人」**。舉凡「過於在意對方的感受而無法說出自己的意見」、「身處雜亂無序的地方便會覺得坐立難安」、「極度怕生」、「受不了刺眼的光線」、「當身邊有人心情不好時會相當在意」等情況，都是**因為高敏感族群的感受力強，纖細敏銳且容易感到有壓力**的緣故，據說日本總人口中，每5人就有1人具有HSP傾向。

近年來，HSP的概念也日益普及。不過，HSP並非代表疾病或障礙的醫學用語，而是心理學家艾倫（Elaine Aron）所提出，用來形容**「人格特質（性格特性）」**的心理學用語。

身為高敏感族群並不會立刻出現什麼問題，然而，很多人會覺得活得很累也是不爭的事實。因此，坊間也有許多針對高敏感族群提供的心理諮商服務。

根據艾倫的描述，HSP具有**「思考較深入（想得多）」**、**「太過容易受到刺激」**、**「情緒反應強烈、共感力高」**、**「對些微的刺激也會有所反應」**這4項特徵，性格完全符合這4個項目的人，則可判定為高敏感人〔**右圖**〕。

▶HSP的4項特徵

提出HSP概念的艾倫，主張高敏感族群具有4項特徵。

1 思考較深入（想得多）

即便是簡單就能做出結論的事情，也要反覆思考到自己能接受為止。

2 太過容易受到刺激

會被他人的無心之言所傷，看電影或聽音樂時會深受感動。

3 情緒反應強烈、共感力高

與他人之間的心理界線模糊，容易受到他人情緒的影響。

4 對些微的刺激也會有所反應

對聲音、光線、氣味等刺激，以及周遭細微的變化都會立刻察覺。

自己是「HSP」？
抑或只是纖細敏感而已？

高敏感族群<u>並沒有明確的定義</u>，
但能透過<u>測驗</u>進行確認！

　　每個人都有敏感、纖細的一面。那麼，<u>HSP</u>與一般個性較為敏感、纖細的人，究竟有何差異呢？

　　嚴格來說，HSP被認為是一個人與生俱來的天性與特質，並沒有明確的定義。不過，對擁擠的人群、噪音，以及咖啡等事物感到棘手，太過在意他人而使自己身心俱疲等，往往是高敏感人的顯著特徵〔圖1〕。提出HSP概念的艾倫設計了23個測驗項目供人進行確認〔➡P152 圖2〕。

　　有一說法指出，造成高敏感的原因在於大腦杏仁核的活動過於旺盛，導致人容易感受到刺激，不過詳細機轉仍待釐清，不排除可能是透過遺傳等與生俱來的特質。

　　此外，高敏感族群往往會被認為個性內向，不過其中亦不乏外向活潑的人。由於高敏感族群不擅溝通，有時會被誤解是患有亞斯伯格症候群等的「發展障礙」，但這兩者其實不同。它們的差異在於，具有發展障礙者，屬於難以同理他人的「不善解人意者」，相對於此，高敏感人的共感力高，屬於「對周遭過度解讀的人」。換句話說，自我監控（➡P60）能力太高或許就是癥結所在。

　　由於高敏感族群纖細敏銳且容易感到有壓力，因此一般認為其較容易引起「疲勞」、「失眠」、「沮喪」等身心方面的不適。但高敏

▶ 讓高敏感族群感到棘手的事物〔圖1〕

下面所舉的例子，不見得符合所有高敏感人的情況，不過會讓高敏感族群感到棘手的事物，往往具有一定的特徵。

擁擠的人群	噪音	與他人起爭執
在車站或客滿的電車內會感到頭暈目眩，覺得不太舒服。	沒有辦法忍受附近施工發出的聲響。也不喜歡大嗓門的人。	惹怒他人時會接連好幾天感到心神不寧。亦不擅長與態度強勢的人閒聊。

感族群同時也具有「能深受感動」、「能理解對方心情」的長處與優勢。因此高敏感絕非一種負面的特質，而是**天生具有豐富的感受力**。

具有HSP傾向的人，有時會因為過於敏感而遭遇失敗，或是對人際互動感到身心俱疲，動輒覺得「心累」，**自我肯定感也往往比較低**。像這種時候，不否定這些負面情緒，適時地予以接納是一件很重要的事。出現負面情緒時，將這些感受寫在筆記本上或輸入手機裡，透過**「言語化」**有助於忘掉這些情緒，察覺自己真實的心情。

此外，保持自我步調，積極營造屬於個人的時間，或是發掘能讓自己感到舒適的空間也相當有效。有人約聚餐但沒有意願參加時，則先做好「被討厭也無所謂」的心理建設，予以婉拒，能這樣**避免掉自己吃不消的人事物**也是很重要的〔➡P153頁 圖3〕。

▶HSP自我檢測〔圖2〕

這是艾倫設計的自我檢測表，請針對每個項目回答「是」或「不是」。若回答「是」的項目超過12個，很可能為高敏感族群。另外，即使回答「是」的項目只有1個或2個，但程度極為強烈的話，也有可能是高敏感族群。

1. 能敏感察覺到自身所處環境的微妙變化。
2. 會受到他人情緒左右。
3. 對疼痛非常敏感。
4. 在特別忙碌的期間，就會想把自己關在能逃離刺激的地方，像是寢室或昏暗的房間等能獲得個人隱私的空間。
5. 對咖啡因很敏感。
6. 受不了明亮的光線、強烈的氣味、質地粗糙的布料、警報聲等。
7. 具有豐富的想像力，很容易胡思亂想。
8. 容易受到噪音所擾。
9. 會深深被美術或音樂打動。
10. 道德感很強。
11. 容易受到驚嚇（感到驚訝）。
12. 在短時間內必須處理大量的事務時會手忙腳亂。

13. 當他人感到不舒服時會立刻察覺，並思考該怎麼做才能改善此情況。（例如調整燈光亮度、換座位等等）
14. 不喜歡一次被交辦很多事務。
15. 隨時提醒自己，避免出錯或忘東忘西。
16. 盡量不看暴力血腥的電影或電視節目。
17. 有太多事在自己周遭進行時，會覺得不舒服而變得敏感。
18. 感到飢餓時，便會產生無法專注或心情不好等強烈反應。
19. 當生活發生變化時就會感到混亂。
20. 喜愛細膩的香氣、味道、聲音和音樂等。
21. 日常生活中最優先的事項為，避免遇到令自己驚慌失措的情況。
22. 在職場上工作時，如果必須與人競爭或受到觀察時，就會感到緊張而無法發揮平常的實力。
23. 孩提時代曾被父母親或老師認為「個性敏感」或「性格內向」。

※出處：《ささいなことにもすぐに「動揺」してしまうあなたへ。（致遇到任何小事都很容易「受到影響」的你。）》伊蓮・艾倫著（講談社）

▶ 高敏感人士的自處之道〔圖3〕

HSP被認為是與生俱來的特質,因此刻意讓自己的感覺變遲鈍,或是企圖鍛鍊出強韌的精神都只會帶來反效果。重要的是好好善用這項特質,而非當成弱點加以克服。

寫下自身的感受

高敏感族群由於天性使然,往往會將接收到的資訊照單全收。即便是負面情緒,透過定期抒發,像是寫在筆記本上或是說給朋友聽,都是很有效的方法。

保有個人的時間

由於高敏感族群能敏銳地察覺他人的情緒或心情,因而容易感到心累。盡量撥出時間給自己是相當重要的一件事。在公司等地方,利用文具或面紙盒隔出屬於自己的空間也是很有效的做法。

避免做自己不擅長的事

受邀參加聚餐或是不怎麼喜歡的活動時,不要因為「拒絕別人會感到過意不去」便勉強參加,而是要告訴自己「被討厭也無所謂」並予以婉拒。重要的是盡量避免做自己不擅長的事。

59 [工作] 「畢馬龍效應」能激發出對方的能力？

原來如此！ 藉由「自我實現預言」的心理效應，有助於交出不負他人期望的結果！

想要提升對方的動機，「讚美」會比「責罵」更有效果。然而，讚美過頭有時也會帶來反效果。**當一個人的才能被過度誇讚時，便會失去挑戰難題的企圖心**〔**圖1**〕。要激發當事人的意圖，必須用心稱讚其所做的**「努力」**或努力的**「過程」**。

當我們心想「自己應該能達到這個目標」並採取行動時，往往會比較容易交出如預言或期望所示的結果。此效應被稱為**「自我實現預言」**。當一個人的努力受到稱讚時，就會想展現出自身「認真努力的一面」而力求表現。

此外，**表現出對當事人的期待並相信對方一定會成功，也是促使其能力開花結果的祕訣**。心理學家羅森塔爾（Robert Rosenthal）曾隨機挑選一批成績不一的學生，並對指導老師表示，「將來這批學生成績進步的可能性很高」。結果實際上，這群學生的成績真的進步了〔**圖2**〕。換句話說，獲得他人期待與信任的人，會透過自我實現預言的效應，做出最好的表現。像這樣，令當事人交出如期望所示的結果，稱為**「畢馬龍效應（Pygmalion Effect）」**。

反之，若對對方展現出不抱期待的態度時，實際上便很容易導致不佳的結果。這稱之為**「格蘭效應（Golem Effect）」**。

▶ 讚美對方的努力而非才能〔圖1〕

心理學家杜維克（Carol S. Dweck）曾透過實驗調查讚美方式對兒童所帶來的影響。

❶

將兒童分為2組解題作答，並對其中一組讚美其「才能」，對另一組稱讚其「努力」。

稱讚才能

稱讚努力

偏向選擇同一道問題……

約有9成挑戰了新問題！

❷

接著詢問2組兒童想挑戰「同一道問題」或是「新的問題」。

▶ 畢馬龍效應實驗〔圖2〕

羅森塔爾所進行的「畢馬龍效應」實驗。

名單中的人選皆為與考試成績無關的學生

羅森塔爾將打著「學習能力預測測驗結果」的名單交給某小學教師，並宣稱這些學生都很有進步的空間。

當教師懷抱著「學生成績會進步」的期待進行指導後，實際上學生們的成績也真的進步了！

60 [工作] 該怎麼做才能養成正向思考的習慣？

原來如此！ 設定小目標累積「成功經驗」，藉此提升對自身能力感到期待的「自我效能感」！

在工作上累積經驗與技能十分重要，不過「相信自己做得到」的自信也是必要的。心理學家班杜拉（Albert Bandura）將這種**對自身能力有所期待與判斷的作為**命名為**「自我效能感」**。

心理學上將「這麼做應該能成功」的期待感稱為**「結果預期」**；「自己應該能為獲取該成功而做出行動」的期待感則稱之為**「效能預期」**。當結果預期與效能預期皆具時，才能產生自我效能感〔**圖1**〕。

一般認為，想要提升自我效能感需要具備4項要素。首先最重要的是，透過自我行動達成某目標的**「成就表現」**。次要項目為觀摩他人的成功經驗，並認為「自己應該也能做到」的**「替代經驗」**。第三項為**「言語說服」**，也就是得到他人的鼓勵，說「你一定能做到」。第四項為「若是現在應該能做到」的這種感到雀躍的**「生理上的情緒激發」**〔**圖2**〕。想要提升自我效能感，如果能**設定有辦法實現的小目標，再逐步累積成功經驗**是相當有效的做法。

與自我效能感相似的用語為**「自尊心」**，這指的是**自我肯定自身存在的情感**。自尊心高時能在工作上表現得積極進取，但若自尊心過高時，便會難以接受失敗。

提升自我效能感，朝正向積極邁進

▶ 結果預期與效能預期〔圖1〕

當結果預期與效能預期皆具時，便會覺得自己有能力做到，這被稱為「自我效能感理論」。

結果預期	效能預期
對結果抱持期待，認為「這麼做應該能成功」。	對自身抱持的期待，認為「為了獲得成功，自己應該能做出某種行動」。

如果我提的企劃不斷被採用，應該有望負責更大規模的案子吧。

我有辦法每週提出一項企劃案。

▶ 提升自我效能感的4項要素〔圖2〕

班杜拉列舉了提升自我效能感的4項要素。

成就表現
透過自我行動達成某目標所獲得的成就感。重點在於，不斷達成小目標才是最具效果的。

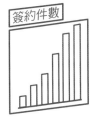

簽約件數

替代經驗
觀摩他人的成功經驗，並且認為「自己應該也能做到」。

言語說服
獲得他人的鼓勵，說「你一定能做到」。

生理上的情緒激發
「若是現在應該能做到」，讓這種正面積極的情緒得以高漲。

Q 要讓客人選擇你最想賣的餐點，最合適的菜單選項為？

1項 or 2項 or 3項 or 4項

假設你經營一間餐飲店。對該店而言，1,200圓的午餐是淨利率最高的商品，因此這是你最想賣的套餐。為了讓顧客選擇這道餐點，午餐菜單應列出幾個選項才最有效呢？

　　如果只有1,200圓的套餐這一個選項時，顧客便難以判斷這價格究竟是貴還是便宜吧？**當人在選擇商品時，會想要能成為判斷標準或基準的參考。**這就是**「錨定效應」**（ P130）。因此有其他選項是比較理想的做法。

　　那麼，列出2個選項如何呢？「900圓與1,200圓」、「1,000圓

與1,200圓」的價格設定，**會讓客人覺得900圓、1,000圓比較划算，而略過1,200圓的套餐**。相反的，設定為「1,200圓與1,500圓」時又很容易被認為此店「感覺太高級，令人卻步」。

此外，若選項超過4個時，會令人感到不知該選哪個才好，結果**往往會乾脆選擇「不買」**。

因此，正確答案為設定成「900圓、1,200圓與1,500圓」的價位，提供3種選擇。當選項有三時，人會在無意識間偏好選擇「中間」的項目，這稱之為**「金髮女孩效應（Goldilocks Effect）」**〔**下圖**〕。這個名稱來自《金髮女孩和三隻熊（Goldilocks And The Three Bears）》這本書的主角金髮女孩，因為她選擇了不燙口又不至於冷冰冰，溫度恰到好處的熱湯來喝。

金髮女孩效應又名**「松竹梅法則」**、**「極端性迴避」**。當我們購買極端便宜或極端高價的產品時，不免覺得「可能會吃虧」，因此**即使不具備合理的理由，也會下意識地選擇位於中間價位的商品**。

金髮女孩效應

當3個選項的價差太大時，金髮女孩效應就會變小。能產生最大效果的價位範圍為「6：4：3」。

薯條或爆米花等產品以「6：4：3」的分量，設定為「L、M、S」被認為是最合宜的銷售方式。

松
3,000圓

竹
2,000圓

梅
1,500圓

L
分量 6

M
分量 4

S
分量 3

61 [工作] 讓人願意接受請託的技巧為何？

原來如此！ 在對方回拒**大要求**後提出**小要求**，以二選一的方式來做出請求！

想要讓對方允諾接下自己所委託的事務時，不妨使用一下心理學技巧。

例如**「以退為進法（door-in-the-face technique）」**，就是**在一開始提出不切實際的大要求，待對方回絕之後，再提出內容較為可行的小要求**。舉例來說，拜託對方「可以在明天之內整理好業務資料嗎？」聽到對方回絕後，再提出折衷案「那如果是在本週內呢？」就對方的立場來看，會覺得「這個人有所讓步」而受到**「互惠原理」**（➡P24）的影響，認為「我應該答應」〔**圖1**〕。

進行委託時，**確實表明理由**也相當有效果。比方說「下週會用到業務資料，可以請你在本週內整理好嗎？」附帶說明理由，會比較容易讓對方點頭同意。這稱之為**「自動效應」**。

此外，相較於單純提出要求，**以二選一的方式做出請求**，會比較容易讓對方允諾。這就是**「誤導式的前提暗示」**。舉例來說，不是詢問「你想選哪個方案？」，而是「A方案與B方案你想選哪一個？」**讓對方在你所提供的選項中進行判斷**〔**圖2**〕。

不提供「拒絕」這個選項

以退為進法實驗〔圖1〕

心理學家席爾迪尼（Robert B. Cialdini）曾以學生為對象，進行以退為進法的實驗。

起初他拜託學生們「在2年的期間內，每週2小時以志工的身分參與心理諮商研習課程」，同意率約為17%。

當前述的委託遭拒絕後，他再度提出請求「那只要找一天帶兒童們去動物園就好」，同意率則達到約50%。

誤導式的前提暗示的活用範例〔圖2〕

誤導式的前提暗示不僅止於用在職場，也能廣泛活用於戀愛等領域。重點在於要以對方會答應為前提來列出選項。

錯誤的邀約方式

改天要不要一起吃個飯？

為對方提供了「拒絕」這個選項

誤導式的前提暗示的邀約方式

妳想吃義大利菜還是日本菜？

那我們下次一起去吧！

以一起用餐為前提，讓對方做出選擇

62

[工作]

有什麼技巧可以避開沒有用的會議？

原來如此！ 為避免「社會懈怠」，應限制參加人數！
為避免「團體極化」，應確保發言自由！

有沒有什麼方法可以將**無意義的會議**轉變為有意義的會議呢？

首先，應掌控參加會議的人數。當進行團體作業時，**參與的人數愈多，就會有愈多人混水摸魚**，這稱為「**社會懈怠（林格曼效應）**」〔**圖1**〕。

換句話說，參加會議的人愈多，對會議採取消極態度的人也會變多。然而，若只是刪減與會人數的話是毫無意義的。必須**下功夫提升參加者的當事人意識**，像是請所有人發表意見等等。

此外，透過研究已知，團體進行決策時很容易出現極端的選擇。當人在團體內時容易產生「自己所屬的團體相當有實力，而且個人也盡心盡力，無論遇到任何困難都不會輸」的「**不敗幻想**」，因而**無法說出破壞團結的意見**。這稱之為「**團體迷思（團體盲思）**」。團體討論之後做出比個人決策更高風險的判斷，稱之為「**冒險偏移（risk shift）**」。然而，當團體內部傾向保守謹慎作風的人較多時，決策就會偏向保守安全，這稱為「**謹慎偏移（cautious shift）**」。

總結來說，團體所做的決策往往比個人決策更容易流於極端。這稱之為「**團體極化**」。開會時為避免團體極化，營造出讓大家能自由發表意見的氛圍是相當重要的。

受到「團體」力量影響的「個人」

▶「社會懈怠」實驗〔圖1〕

20世紀初葉的農業學家林格曼（Maximiien Ringelmann），曾針對拔河等團體作業，調查每位成員的表現並將其數值化。結果發現，當團體人數愈多時，每個人所發揮的力量就會跟著降低。

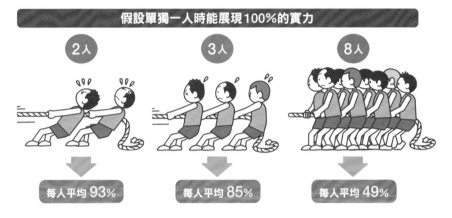

假設單獨一人時能展現100%的實力

2人　　　　　3人　　　　　8人

每人平均93%　　　每人平均85%　　　每人平均49%

▶「冒險偏移」與「謹慎偏移」〔圖2〕

透過團體討論所做的決策會比個人判斷更容易流於極端，因而產生「團體極化」現象。

冒險偏移

透過團體討論往往會做出比個人決策更高風險的判斷。

謹慎偏移

當團體內部傾向保守謹慎作風的人較多時，往往會做出比個人決策更謹慎（安全）的判斷。

63 人的記憶可以信賴？抑或無法信賴？

〔個人〕

原來如此！

將不實的事當作事實的「**虛假記憶**」，
能藉由**詢問方式**輕鬆捏造！

人們往往認為長期記憶（ ➡ P132）是實際發生過的事，但其實也有可能並非全屬事實。將實際未發生過的事當成事實記住的現象稱之為「**虛假記憶（錯誤記憶）**」〔**圖1**〕。

心理學家羅芙特斯（Elizabeth Loftus）證實了**透過詢問方式能捏造出虛假記憶**。羅芙特斯讓所有受試者觀看車禍影片，並於數天後將他們分成A、B兩組進行實驗。她詢問A組「這2台車**相撞**時的時速大概是幾公里？」接著詢問B組「這2台車相撞時**所飆**的時速大概是幾公里？」A組做出了正確的回答，但B組的答案則比實際速度還要快〔**圖2**〕。

像這樣，記憶會隨著後續接收到的資訊而產生變化的現象，稱為「**事後訊息效應**」。在美國有報告指出，冤獄案件中至少有75％的審判，援引了與事實有誤的目擊證詞作為有罪判斷的根據。

此外，透過研究亦得知，人會站在對自己有利的立場扭曲記憶。根據心理學家阿門達里茲（Trafimow Armendariz）等人的調查發現，相較於「**受到他人親切對待**」的記憶，人對於「**自己親切對待他人**」的記憶平均高出了**35倍**之多。

人的記憶是很曖昧模糊的

▶ 捏造虛假記憶的實驗〔圖1〕

羅芙特斯進行了蓄意捏造虛假記憶的實驗，證明了人的記憶是曖昧模糊的。

除了事發過程的紀錄外，還根據家屬的證詞，撰寫了一份「在購物中心走失」的虛構紀錄給受試者。

有25％的受試者，明明實際未有過走失的經驗，卻具體地回想起與家人走散的情景！

▶ 影響目擊證詞的事後訊息效應〔圖2〕

羅芙特斯讓所有受試者觀看車禍影片，並於數天後將他們分成A、B兩組，詢問影片中的車禍情況。

對A組所提出的問題

「這2台車相撞時的時速大概是幾公里？」 ➡ 受試者正確回答出時速與車禍時的狀況。

對B組所提出的問題

「這2台車相撞時**所飆**的時速大概是幾公里？」 ➡ 受試者回答的時速比實際還快，而且把實際上沒破的車窗玻璃說成破裂狀態。

看完影片後被灌輸了「飆速」的訊息，記憶因而有所改變。

64 為何記憶是不完全的？淺談「記憶七罪」

[個人]

原來如此！ 當記憶過度正確時，**大腦功能就會產生混亂**，而引發「**健忘**」、「**失神**」、「**空白**」等現象！

　　為何人類無法正確記住所有事物呢？心理學家沙克特（Daniel L. Schacter）將記憶所出的差錯分為7項。這7項分別是「**健忘**」、「**失神**」、「**空白**」、「**錯認**」、「**暗示**」、「**偏頗**」、「**糾纏**」〔**圖1**〕。

　　之所以會引起「**記憶七罪**」，是因為**當記憶過度正確時，透過五官所接收到的大量資訊會超出腦容量負荷**的緣故。大腦為了避免混亂發生，才刻意有所遺忘。此外，也因為記憶並不完全之故，不愉快的經驗也會隨之淡忘，讓人能正向積極地過日子。

　　話雖如此，記憶力當然還是求好不求壞。接下來，就從心理學家西格比（Kenneth L. Higbee）所提出的「**西格比七項記憶理論**」來看有關提高記憶力的7項技巧。這7項技巧分別為「**意義化**」、「**組織化**」、「**聯想**」、「**視覺化**」、「**注意力**」、「**興趣**」、「**反饋**」〔**圖2**〕。這些是利用「有意義、有關聯性、能視覺化的訊息會比較容易記住」的大腦特性，讓記憶在腦中紮根的技巧。現在亦已得知，透過「**柴嘉尼效應**」（➡P16），在半途中斷作業會比較容易留在記憶裡，因此「在想記住的地方暫停」也是很推薦的做法。

大腦為避免<u>混亂</u>發生會出現「<u>記憶差錯</u>」

▶ 記憶七罪〔圖1〕

沙克特將記憶所出的差錯分為7項。

1 健忘
久遠的記憶會隨著時間經過而愈發模糊。

2 失神
思緒被其他事物拉走,忘的一乾二淨。

3 空白
雖然努力回想,卻想不起來。

4 錯認
記憶本身是正確的,卻搞錯資訊出處。

5 暗示
透過誘導詢問等方式,記憶會被捏造。

6 偏頗
因為現在的情緒而扭曲了過去的記憶。

7 糾纏
明明不願想起,卻會回想起某些事情。

▶ 可提升記憶力的「西格比七項記憶理論」〔圖2〕

西格比七項記憶理論提出7項實用的記憶技巧。

1 意義化
不是死記硬背,而是理解意義。
例
express（表現）
= ex + press
（往外）（推）

2 組織化
將有關聯性的事項以分類。
例
以前綴詞（ex-、re-、in-等）將單字分類

3 聯想
與已經記住的事物加以組合來記住內容。
例
以諧音來記年號

4 視覺化
將文字或符號與圖像連結。
例
歷史人物的肖像畫

5 注意力
集中注意力記住內容。
例
限定默記的範圍

6 興趣
藉由喜歡某事物記住相關資訊。
例
與興趣相關的知識

7 反饋
讓學過的東西在腦中牢牢紮根。
例
訂正考卷

從喜歡的顏色看個性。
你喜歡哪個顏色呢？

白色純潔、藍色清爽，顏色總是會令人聯想到各種形象。根據你所喜歡的顏色，就能看出你的個性。

測驗結果

紅 ➡ 熱情又積極。容易情緒不穩定。

粉紅 ➡ 沉穩重感情。纖細敏感，依賴心較強。

橘 ➡ 活潑善交際。八面玲瓏、善妒

黃 ➡ 好奇心旺盛，充滿野心。喜歡新事物，容易感到厭煩。

綠 ➡ 和平主義，深思熟慮。較為保守，但也有喜歡與人交談的一面。

藍 ➡ 知性、恬靜。思想保守謹慎，重視上下關係。

紫 ➡ 高貴、行事作風偏向神祕。頗為自戀。

棕 ➡ 責任心很強的領導型人物，也有雞婆的一面。

黑 ➡ 感受力強、自尊心高。具有孤獨的傾向。

白 ➡ 理想主義者，為人勤奮努力。也有潔癖傾向。

[解説]

　　「顏色」會對心理帶來強烈的影響。舉例來說，大多數人看到白色便會聯想到「整潔」或「清純」。醫院之所以使用大量白色，以及新娘穿純白的婚紗都是因為這個緣故。近年來，**研究顏色對心理所造成的效應與影響的「色彩心理學」**日益精進。而顏色所帶來的效果亦被廣泛運用於廣告、時尚產業、教育、醫療等各種領域。

　　心理學家呂舍爾（Max Lüscher）認為，**一個人喜愛的顏色在心理學上是具有意義的，它會投射出這個人的性格、願望與需求等**。喜歡白色的人希望自己是「整潔」、「清純」的，而且會下意識地期盼自己能給人這樣的印象。因此喜歡特定顏色的人，可謂具有特定的性格傾向。

65

[工作]

想說服對方應該把結論放在開頭？還是最後？

原來如此！ 對感興致的對象使用「**高潮敘事法**」，
對興趣缺缺的對象則用「**反高潮敘事法**」！

　　說服對方的方法可以分為2種：結束說明後，在最後提出結論的「**高潮敘事法**」；以及一開始便提出結論，接著才進行說明的「**反高潮敘事法**」〔**圖1**〕。

　　高潮敘事法會先說明相關狀況或資料數據等。這種說服方式適用於**對方對該話題具有強烈興趣時**。不過，對於原本便不感興趣的對象來說，由於遲遲聽不到結論，可能會在半途就感到不耐煩。

　　一開頭便提出結論的反高潮敘事法，**在不清楚對方是否對該話題感興趣時**則很有效。即使說明到一半便結束，也能向對方傳達出自己的訴求。因此，**在商業場合可說較適合使用反高潮敘事法**。

　　心理學家派蒂（Richard Petty）與神經科學家卡喬波（John Cacioppo）指出，在接受他人勸說時，我們會透過「**中央路徑（邏輯思辨）**」與「**邊緣路徑（情緒思辨）**」這2種思考模式來處理所接收到的訊息。這稱為「**推敲可能性模型**」〔**圖2**〕。

　　換言之，想要說服他人，可從合乎邏輯且合理的說明，以及訴諸感情的說明這兩方面下手。

根據情況使用不同的說服方式

▶ 2種說服方式〔圖1〕

有效說服他人的說話方式，可以分為高潮敘事法與反高潮敘事法這2種不同類型。

高潮敘事法	反高潮敘事法
要點 先進行相關說明，最後再提結論。	**要點** 先說結論，接著才進行說明。
優點 循序漸進地說明，能逐步提高對方的興趣。	**優點** 容易引起對方的興趣，即使中途結束也能傳達出自己的訴求。
情況 當對方對該話題展現出興趣或是期待時。	**情況** 當對方沒有對該話題展現出興趣的時候。

▶ 推敲可能性模型〔圖2〕

當有人試圖說服自己時，我們會產生2種思考模式，一種是根據正確的訊息進行邏輯判斷，一種則是情感上的直覺判斷。

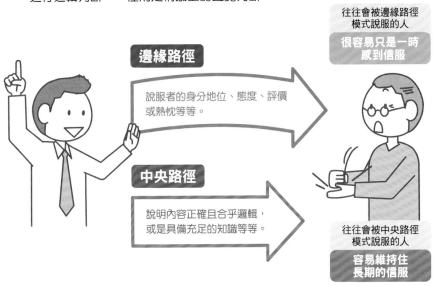

往往會被邊緣路徑模式說服的人

很容易只是一時感到信服

邊緣路徑

說服者的身分地位、態度、評價或熱忱等等。

中央路徑

說明內容正確且合乎邏輯，或是具備充足的知識等等。

往往會被中央路徑模式說服的人

容易維持住長期的信服

66
[工作]

心理學上有哪些
有用的交涉技巧？

原來如此！ 談判時可以運用「登門檻效應」
以及「低飛球策略」等手法！

接下來介紹心理學上有用的交涉技巧〔**右圖**〕。

前面曾提到，拜託他人時，先提出大要求再提出小要求的「**以退為進法**」（➡P160）十分有效，而與此技巧恰好相反的「**登門檻效應（Foot in the door effect）**」，則是先提出小要求，再進一步提出大要求。當人答應了小要求之後，便會對拒絕大要求的行為感到矛盾，為了化解心中的矛盾，「**認知失調理論**」（➡P54）便會在此時發生作用。

也有所謂的「**低飛球策略（Low-Ball Technique）**」，亦即先提出優惠的條件，等對方答應後再告知缺點，或透過加購方式來拉抬價格。這是利用人一旦答應後就很難拒絕的心理，不過也要留意它有可能會失去對方的信賴。

還有運用門檻極低的請求讓對方答應的「**一分錢策略（even a penny will help）**」。這與「小額就能做公益，請踴躍捐款」的呼籲有異曲同工之妙，舉例來說「只要花1分鐘聽我說明就好」便是應用此策略的話術。此外還有附送贈品、提供折扣或特惠等來營造物超所值感的「**不僅如此策略（That's-not-all Technique）**」。在對方猶豫該如何做決定時，這項手法可以發揮效果，但若頻繁使用，則會有損特惠的價值。

運用<u>心理學</u>的<u>交涉術</u>

▶ 有助於交涉順利進行的技巧

運用心理學理論的交涉話術其實相當多。本篇介紹4則被活用於商業場面的代表性技巧。

登門檻效應

推銷員登門拜訪時，成功說服住戶後進入門內，便是此手法名稱的由來。先讓對方答應小要求後，再提出大要求。

> 例 推薦客人試穿衣服之後，接著鼓吹購買。

低飛球策略

投「低飛球」讓對方容易接住，便是此手法名稱的由來。先提出優惠的條件讓對方答應後，再告知缺點。

> 例 簽約之後才說明相當嚴苛的違約金條款。

一分錢策略

「只要一分錢」轉換成中文就是「只要一塊錢」。提出門檻極低的條件作為開場白進行交涉。

> 例 舉辦試賣或試吃活動時，以「只要1分鐘就好」等話術招攬客人。

不僅如此策略

高級紅酒

講白一點就是「這並不是全部，還有更多」。亦被稱為「好處多多行銷法」。祭出贈品或折扣方案招攬顧客。

> 例 電視購物節目會不斷強調「現在購買多送1瓶」等等。

67
[戀愛]
有沒有能扭轉逆勢，讓彼此重修舊好的心理學手法？

原來如此！ 當對方提出分手時先表示接受，再透過「認知失調理論」使其產生矛盾心態！

在戀愛過程中，情侶對彼此的要求會不斷產生改變。心理學家默斯特因（Murstein）將戀愛的發展過程分為**「刺激（Stimulus）」**、**「價值觀（Value）」**、**「角色（Role）」**3個階段，並指出順利經過各階段後，就能更加鞏固這段感情。這稱之為**「SVR理論」**〔**圖1**〕。

換言之，剛開始交往時，對方的外貌長相等刺激是很重要的，接著雙方的興趣與價值觀是否契合會變成關鍵，最後則是能否在工作上與家務分工中扮演好各自的角色，有了這些才能讓關係長長久久。

在S階段、V階段感到不合拍時，兩人破局的可能性就會大增。不過當對方提出分手時，坦然地表示「我不想跟你分手」其實會帶來反效果。**當一個人的自由受到限制時，就會產生「心理抗拒」**（➡P74），**讓人想要反抗**，導致對方「想分手」的情緒變得更為強烈。因此如果不想分手的時候，最有效的方法是先隱藏自己的真心，告訴對方「我明白了，謝謝你一直以來的陪伴」。對方原本期待會聽到你說「我不想分手」，得到這樣的回答便會產生動搖，覺得「難道你不喜歡我？」、「你不想挽回嗎？」而心生矛盾。這種時候，**想要解決矛盾**的**「認知失調理論」**（➡P54）便會產生作用，對方的想法說不定就會有所改變〔**圖2**〕。

▶ SVR理論所提出的戀愛三階段〔圖1〕

戀愛分為3個階段,順利經過各階段後,就能加深彼此的關係。

第1階段	第2階段	第3階段
刺激(Stimulus)	**價值觀(Value)**	**角色(Role)**
所注重的要素	所注重的要素	所注重的要素
容貌、服裝等有關外表、社會的地位等等	興趣或嗜好,對事物的態度與想法等等	有關工作與家務這類在生活上的角色分工

▶ 當對方提出分手時的應對方式〔圖2〕

當交往對象提出分手時,自己所展現出的態度(拒絕或接受),會讓對方的心境產生變化。

表明自己不想分手時

對方會覺得此舉妨礙到自己「想分手」的自由,而心生反抗。

↓

產生心理抗拒,想分手的心情愈發強烈……

接受對方分手提議時

對方會覺得「你不挽回嗎?」而感到動搖。

↓

認知失調理論會產生作用,轉念的可能性會隨之提高!

Q 想提升公司的生產力，對哪個項目進行改善最有效？

| 休息時間 | or | 薪水／獎金 | or | 人際關係 | or | 工作內容 |

想要提升公司業績有各式各樣的方法，不過，要提升員工的工作動力、增加生產力（產能），針對哪個項目進行改善能收到最好的效果呢？

　　哈佛大學的精神科醫師梅奧（George Elton Mayo）等人，自1924年起花了8年的時間，在美國某電器公司的霍桑工廠，調查燈光亮度對生產力所造成的影響**（霍桑實驗）**。結果發現，將燈光調亮的時候，員工的生產力會隨之提高，在這之後**即使將燈光調暗，生產力依舊不斷提升**。

接下來，梅奧隨機挑選一批員工參與實驗，並針對作業空間的溫度與濕度、工作天數與休息時間、薪資等條件進行調整，再請他們以接力的方式組裝機器（**繼電器裝配實驗**）。結果發現，勞動條件獲得改善時，生產力便會隨之提高，在這之後，**即使下修勞動條件，生產力依舊不斷提升**。

就算勞動條件變差，生產力卻持續上升的原因在於，員工意識到自己正被觀察，因而產生「**想滿足他人期待**」的心理。像這樣，**受到他人注目時就會拿出成果的現象**稱之為「**霍桑效應**」〔**下圖**〕。

霍桑效應

感受到自己「正被關注」的人，會為了滿足他人的期待而拿出成果。例如，下屬受到主管關懷時，就比較容易發揮實力。

梅奧等人與大約2萬名員工進行面談，聽取他們的意見（**面談計畫實驗**）。從這項調查中發現，職場**人際關係的滿意度能提升員工的工作動力**。

接著，他們將員工分成小組進行總機（電話交換機）的配線作業（**電話總機配線實驗**）。結果顯示，主管與下屬關係良好的小組，生產力也會隨之提升。

經由這一連串的實驗結果可以明確得知，想提升生產力，人際關係才是關鍵所在。

有助於排解壓力的
心理學技巧為何？

原來如此！ 透過**抒發**達到「**宣洩效果**」，以及戴上
「**人格面具**」等都是排解壓力的方法！

　　當心裡累積了不滿或壓力時，該怎麼處理才好呢？接下來就要介紹能夠消除煩躁情緒的心理學技巧。

　　如同前面在HSP（➡P150）的自處之道所介紹的內容一樣，**不妨試著將壓力的原因寫在日記等上面**。特意寫出來似乎會令人回想起不愉快的心情，然而**透過文字抒發反而容易忘記或是消除這些負面情緒**。這稱之為「**宣洩效果（Cathartic Effect）**」。若是沒有這麼做，便會愈想忘記的事，變得愈無法忘掉〔**圖1**〕。

　　此外，人在下決定時，往往會以最初獲得的資訊來進行判斷（**錨定效應**➡P130）。利用此效應，喚起**愉快的記憶**來排解壓力也是一種方法。

　　在職場上被冷言酸語攻擊時，**乾脆扮演另一個人格**，並告訴自己「我是超一流的上班族」，以這種方式應對有助於化解煩躁的情緒。這是被稱為「**人格面具（Persona）**」的方法，藉由戴上另一張面具來避免壓力襲身〔**圖2**〕。

　　因為「**情緒一致性**」的作用，人會在無意識間蒐集與自身情緒有所連結的訊息。換言之，抱持著負面情感時，就會盡是蒐集到負面的資訊。所以**當自身變得負面消極時，請記得立刻讓自己放鬆下來**。

化身為演員，藉此迴避壓力

▶ 愈想忘記，愈是無法忘掉〔圖1〕

心理學家韋格納（Daniel Wegner）將受試者分成A、B、C三組觀看白熊生態的影片，並對每一組說出下述內容。

A 小組
請仔細回想一下剛剛在影片中看到的白熊。

B 小組
請回想一下剛剛在影片中看到的白熊，不這麼做也沒關係。

C 小組
請絕對不要回想起剛剛在影片中看到的白熊。

過了一段時間後，詢問各組成員是否還記得白熊的影片內容，記得最清楚的則是C小組。

當人極欲避免想起某個對象時，反而會經常想起對方，結果記得更清楚！

▶ 人格面具〔圖2〕

心理學家榮格主張，人皆具有多種人格，會根據所面臨的情況選擇戴上不同的面具。

如果在職場上遭到主管不合理的對待，可以試著扮演另一個人格，像是「勇於冒險犯難的優秀主角」等等，而非戴上「下屬」的面具，便能保持平常心。

何種類型的人會做出擾人行為？

原來如此！ 容易不滿的人一旦控制力變弱就會「偏差」。
若被貼上「標籤」，就會變成真正的闖禍者！

　　有些人會在上課時講悄悄話，或在電車內吵鬧等，在日常生活中做出**擾人行為**。像這樣的擾人行為，在心理學上被稱為**「偏差」**，但是為什麼人會出現偏差行為呢？

　　當人的慾望未獲得滿足而累積壓力時，就會陷入緊張狀態，並產生**攻擊衝動**。這個概念被稱為**「緊張理論」**。攻擊衝動會受到法律、社會規範、良心等所控制，然而，**當控制力變弱時，就會產生偏差**。這稱之為**「控制理論」**〔**圖1**〕。

　　另外，加入不良幫派或犯罪集團的人，會觀摩集團成員順手牽羊等犯罪行為並學習其手法，同時如法炮製。接著彼此會共享「做出犯罪行為也沒什麼」的價值觀，導致持續的偏差。換言之，就是將偏差當成「文化」來傳承。這稱為**「文化學習理論」**。

　　除此之外，當人被周遭貼上「麻煩人物」、「為非作歹」、「不良少年」等**標籤**時，就會做出如同標籤所定義的行為。這稱之為**「標籤理論」**。原本只是偶爾做出偏差行為的人，也會因為被貼上「那人就是愛搗亂」的標籤，而逐漸變成真正的鬧事者〔**圖2**〕。

做出擾人行為的人的心理

▶ 產生偏差行為的過程〔圖1〕

「偏差」行為的產生，其實與緊張理論和控制理論都有關係。

緊張理論

因為需求未獲得滿足而累積壓力時，便會引發緊張狀態。

➡ 產生攻擊衝動！

控制理論

當良心或法律等控制力變弱時，就會產生偏差行為。

➡ 展現出攻擊的態度！

▶ 標籤理論〔圖2〕

這項理論主張「偏差」是因為被周遭貼標籤所導致的。

被貼標籤而引發偏差行為的事例

被學長強迫而順手牽羊過一次的少年，遭老師指稱「你是個小偷」。

少年在精神上受到很大的打擊，因而反覆做出偷竊行為。

為什麼霸凌行為
不會消失呢？

原來如此！ 因「**緊張理論**」而找尋攻擊對象的人，
會將無法融入團體內的「**黑羊**」當成箭靶！

　　無論是在學校或職場，**霸凌**皆已成為一大社會問題。為什麼霸凌行為不會消失呢？

　　從**「緊張理論」**（➡P180）的觀點來思考，可以研判會做出霸凌行為的人，不外乎是需求未獲得滿足而感到有壓力，導致**攻擊衝動變強的人**。而他們會選擇不遵守團體規範的人作為攻擊對象，進行霸凌〔**圖1**〕。

　　心理學家馬克斯（Marquez）主張，「**隸屬特定團體的成員，對於具備該團體所喜愛的特質的人會給予較高的評價，而對於擁有該團體所不喜歡的特質的人，則會給予較低的評價**」。這稱之為**「黑羊效應」**（又名**內團體偏誤**）。黑羊指的是摻雜在白羊群中的黑羊，代表「家族、同伴之恥」的意思。也就是說，當一個人不被視為「同一團體的成員」時，就會受到比外人更為嚴苛的評價，並被當成礙眼的存在。尤其是**具有強烈認同感的團體**，更容易產生黑羊效應，成員會將黑羊當成霸凌對象〔**圖2**〕。

　　此外，因為黑羊效應，其他成員會團結一致一起排擠眼中釘。換言之，有時將某人當成箭靶不見得需要什麼特殊的理由，只因為有人要成為凝聚團體向心力的**「犧牲品」**罷了。

攻擊衝動與團體心理是造成霸凌的原因

▶「緊張理論」所引起的霸凌〔圖1〕

緊張理論認為，人皆具有攻擊性本能。

因需求未獲得滿足而感到有壓力時，攻擊衝動就會變強，想發洩壓力。

他們會將不遵守團體規範的人視為攻擊對象，進行霸凌。

▶ 排擠團體內看不順眼的人的「黑羊效應」〔圖2〕

在一個團體中，只要符合該團體的價值觀就會受到成員的好評，而不符合該團體價值觀的人則會遭到排擠。

獲得高評價的人

參加部長所舉辦的聚會是某部門的不成文規定，出席聚會就會被視為夥伴而受到親切的對待。

獲得低評價的人

無論工作表現多麼優秀，如果不參加聚會，所獲得的評價會比外人還低，甚至可能演變成霸凌。

什麼性格類型的人容易罹患憂鬱症？

原來如此！ 憂鬱症起因於**神經傳導物質**不足。
個性嚴謹者較易罹患，但任何人皆可能發病！

　　憂鬱症屬於一種長期無法控制情緒波動的**「情緒障礙」**，沮喪的情緒會持續2週以上。不只會伴隨專注力下降、對事物不感興趣且提不起勁，以及想自殺等精神症狀，還會出現睡眠不足與食慾不振等身體症狀。抑鬱感在白天時段最為強烈，到了傍晚則會減弱也是憂鬱症的特徵之一〔**圖1**〕。

　　一般認為，導致憂鬱症的原因，大多與家人分離、就業、轉職、失業、遷居、生產等**生活上的變化所帶來的壓力有關**。據悉容易罹患憂鬱症的是**個性嚴謹、責任感強、會細心顧及周遭人的類型**，日本人每15人中就有1人罹患憂鬱症，因此這並非少見的疾病。近年來，研究指出憂鬱症為**血清素、腎上腺素、多巴胺等神經傳導物質不足所引起的腦部疾病**，使用藥物促進這些物質分泌的治療也有長足的進步。

　　憂鬱症（憂鬱性疾患）還可以細分為**「重度憂鬱症」**、**「輕度憂鬱症」**、**「低落性情感疾患」**。此外，反覆出現憂鬱狀態與躁鬱狀態（活動力強、高昂亢奮的狀態）的**「雙極性疾患」**也屬於一種情緒障礙，過去被認為是一種憂鬱症，現在則被視為不同類型的疾病，治療方式也與憂鬱症不同〔**圖2**〕。

▶ 憂鬱症的典型症狀〔圖1〕

情緒低落，甚至影響到日常的生活。幾乎每天都會產生抑鬱感，而且持續2週以上時，即有可能為憂鬱症。

精神症狀

◆ 沮喪、抑鬱感
◆ 不安、焦慮、煩躁
◆ 專注力下降、提不起勁
◆ 對事物失去興趣與關心
◆ 自殺慾望
　等等

身體症狀

◆ 睡眠不足、嗜睡
◆ 食慾不振、過食
◆ 心悸、頭痛、耳鳴
◆ 經期不順、性慾減退
◆ 疲憊感、倦怠感
　等等

※一般來說，幾乎所有的憂鬱症患者都有睡眠障礙。

▶ 憂鬱症的分類〔圖2〕

情緒障礙分為憂鬱症（憂鬱性疾患）與雙極性疾患兩大類。

情緒障礙（因情緒失調而對日常生活產生影響的疾病）	
憂鬱性疾患	**雙極性疾患**
重度憂鬱症 具有強烈的憂鬱症狀。	**第一型雙極性疾患** 具有強烈的躁鬱症狀。
輕度憂鬱症 具有輕度的憂鬱症狀。	**第二型雙極性疾患** 具有輕度的躁鬱症狀。
低落性情感疾患 長期且慢性的輕度憂鬱症狀。	**循環性情感疾患** 長期且慢性的輕度躁鬱症狀。

魔法字母「E」能看出你的為人？

請用手指在自己的額頭寫下大寫的英文字母「E」。只需這麼做便能得知你的性格。

測驗結果

◆ **寫出左右相反的「E」以方便他人判讀的人**

➡ 在意他人目光的類型

擅於察言觀色。有時會不敢說出真正的想法，也很容易感到緊張。

◆ **以自身的視角出發，如實寫出「E」的人**

➡ 以自我為中心的類型

會按照自身的想法做出行動。較不擅於察言觀色，有時在別人眼中看來相當任性。

〔解説〕

　　這是認知心理學家哈斯（Hass, R. Glen）用來調查**「自我意識」**所提出的實驗。自我意識指的是，**自己對自我本身的認識**，還可以分為**「公眾自我意識」**（自己在他人眼中是怎樣的形象），以及**「私我自我意識」**（自己如何看待自身的內在層面）〔**下圖**〕。

　　哈斯為了調查自我意識，請受試者進行一項測驗，要他們在額頭上寫下英文字母「E」。面對攝影機時，公眾自我意識會提高，因此有54％的受試者寫出左右相反的「E」以方便他人判讀（從自己的角度來看，相當於片假名中的「ヨ」）。因為**在意他人的目光**，所以會下意識地站在對方的立場來思考。

　　另一方面，在沒有攝影機拍攝的狀況下，公眾自我意識會變低，只有32％的受試者寫出左右相反的「E」以方便他人判讀。因此可以說，當私我自我意識較高時，**人較難站在對方的立場來思考**。

公眾自我意識
（與自身外貌相關的意識）

舉凡身體、服裝、動作等，注重他人眼中所見的自身外貌。

私我自我意識
（與自身內在相關的意識）

舉凡自身的情感、想法等，注重他人所無法看見的內在層面。

　　不過，公眾自我意識並非愈高愈好。過度在意周遭的反應時，反而會無法說出自己的意見。也就是說，最重要的是在兩者之間取得平衡。首先，請在你的額頭寫個「E」，從了解**自身的自我意識傾向**做起吧。

72 什麼樣的座位安排
[工作] 能讓會議順利進行？

原來如此！ 利用**斯汀澤效應**來決定會議座位，將**協助者安排在對面，對立者則安排在非正對面的位置**！

　　在公司開會或洽商等場合，大家經常要坐在同一張桌子前進行討論。此時，每個人的座位安排看似自然形成，其實乃是與會者的心理在當中起了很大的作用。

　　舉例來說，坐在長方形會議桌開會時，**領導者會坐在能看見所有人的位置。對會議態度消極的人，則傾向坐在離入口較近的角落位置**〔**圖1**〕。

　　心理學家斯汀澤（Stinzer）在研究小團體成員之間的心理效應時，從會議中產生的現象發現了**3項原則**。這3項原則分別為「以前曾與自己對立的對象，多半會坐在對面」、「在某人做出某項發言之後，很常出現反對意見」、「會議主席的領導能力很強時，與會者較常與鄰座竊竊私語；會議主席的領導能力不足時，與會者則較常與對面的人竊竊私語」。這稱之為**「斯汀澤效應」**〔**圖2**〕。

　　應用斯汀澤效應，可望幫助會議順利進行。首先，避免讓持反對意見的人坐在自己的對面，而是讓協助者坐在對面。接著，在自己發言後請協助者提出贊成意見，這樣自己所提的意見就比較容易通過。此外，**使用圓桌有助於讓所有與會成員說出自己的意見**。

▶ 會議座位和與會者的關聯

〔圖1〕

坐在長方形會議桌開會時

A 座位

能環顧左右四方，領導者所坐的位置。

B 座位

這裡大多是輔佐領導者的人所坐的位置。

※選擇坐在 B 座位的領導者，屬於注重團隊和諧的類型。

C D 座位

踴躍進行討論的人所坐的位置。

※選擇坐在靠近入口座位的人，多半屬於對會議態度消極的類型。

▶ 斯汀澤效應與座位的關係〔圖2〕

斯汀澤效應指出，與會者容易與坐在對面的人意見相左，較容易與鄰座唱同調。

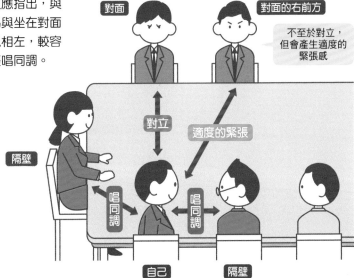

對面

對面的右前方

不至於對立，但會產生適度的緊張感

對立

適度的緊張

隔壁

唱同調

唱同調

自己

隔壁

73 讓愛情長久的祕訣為何？「愛情三角理論」

[戀愛]

構成「愛」的3項要素為
「親密」、「激情」、「承諾」！

　　「愛」究竟為何物呢？要以言語正確地描述其所代表的涵義其實相當困難，心理學家史坦伯格（Robert J. Sternberg）則將愛以圖形化的方式呈現，創立了**「愛情三角理論」**。

　　史坦伯格主張，構成愛的3項元素為**「親密」、「激情」、「承諾」**。親密指的是，對對方感到親近，在一起時會產生幸福與安穩的感覺。激情指的是，性方面的慾望、想獨占對方的激烈情感。承諾指的是，對對方產生責任感與義務感等，願意竭盡所能地為其付出的情感。而**根據這3項要素的強弱，可將愛分為8種類型**〔**右圖**〕。

　　最理想的愛情是親密、激情、承諾這3項指數皆很高的**「完整的愛」**，然而，無論是誰，剛交往時的熾熱激情都會隨著時間的流逝而消退，這是再自然不過的事。

　　此外，每個人對愛的想法不盡相同，沒有「非要追求哪種類型」這回事。不過有調查結果指出，**當激情極端強烈時，戀情很可能會轉瞬即逝**。要讓愛情長長久久，必須將3項要素放在心中，互相體貼，毫無保留地付出。

8種類型的「愛」

▶ 史坦伯格的「愛情三角理論」

由「親密」、「激情」「承諾」這3項元素所構成的8種「愛的類型」。

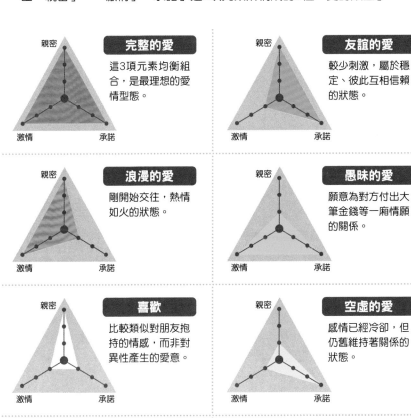

完整的愛
這3項元素均衡組合，是最理想的愛情型態。

友誼的愛
較少刺激，屬於穩定、彼此互相信賴的狀態。

浪漫的愛
剛開始交往，熱情如火的狀態。

愚昧的愛
願意為對方付出大筆金錢等一廂情願的關係。

喜歡
比較類似對朋友抱持的情感，而非對異性產生的愛意。

空虛的愛
感情已經冷卻，但仍舊維持著關係的狀態。

迷戀
就好比所謂的一見鍾情，屬於充滿刺激的關係。

無愛
這3項元素皆弱，也就是處於沒有愛的狀態。

睡姿會透露出深層心理？
從「睡姿」看個性

據說睡姿會透露與反映出一個人的深層心理，以及目前的心理狀態。下面有6種不同的睡姿，你屬於哪一種呢？

❶ 抱著東西睡型
雙腿夾著被子或枕頭的姿勢。

❷ 趴睡型
整個人呈俯臥姿勢。

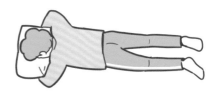

❸ 胎兒型
側睡，身體呈蜷曲姿勢。

❹ 半胎兒型
膝蓋微彎的側睡姿勢。

❺ 過冬型
從頭到腳裹在被子裡。

❻ 國王型
仰躺，手腳伸展開來的姿勢。

測驗結果

❶ 抱著東西睡型 ➡ 理想主義者，處於需求未獲得滿足的狀態

❷ 趴睡型 ➡ 認真、一絲不苟。有點以自我為中心的類型

❸ 胎兒型 ➡ 警戒心強、防衛心重。喜歡宅在家的類型

❹ 半胎兒型 ➡ 個性善於平衡，屬於能順應社會的類型

❺ 過冬型 ➡ 個性謹慎且深思熟慮。亦具有多愁善感的一面

❻ 國王型 ➡ 舉手投足充滿自信。屬於沒有不安或祕密的類型

〔解說〕

　　人在睡覺的時候是處於無意識的狀態。美國精神分析醫師鄧克爾（Samuel Dunkell）認為，睡姿會反映出一個人的深層心理，並針對**性格與睡姿的關係**進行了研究。鄧克爾發表的研究結果列出了36種睡姿，以下介紹6種具代表性的睡姿。

　　「抱著東西睡型」為理想主義者，處於對理想與現實的差距感到不滿的狀態。**「趴睡型」**的人個性認真，擅長根據計畫推展事物，另一方面也顯得有點以自我為中心，喜歡發號施令。

　　最恰到好處的則是**「半胎兒型」**，從方便翻身的姿勢來看，可知這種人的個性善於處理與排解壓力。整個身體蜷縮起來的**「胎兒型」**代表目前正面臨困難，因此處於防禦狀態。**「過冬型」**的人擁有敏銳的洞察力，但也具有敏感且容易情緒低落的一面。舉手投足充滿自信的**「國王型」**個性開朗大方，多見於男性。

　　調查自己的睡姿，分析自己的心理狀態也是滿有趣的一件事吧。

74
[生活]

遇到緊急狀況卻不採取行動的人，究竟在想什麼？

原來如此！ 跟隨周圍隨波逐流的「**多數無知**」與「**正常化偏誤**」的心理，會延誤逃生時間！

當可能發生洪水或土石流的時候，氣象局或地方政府等單位就會發出避難勸告。然而，**明明危機迫在眉睫，卻還是有人不為所動**。為什麼這些人不趕緊逃生呢？

發布避難勸告之後，看到附近民眾開始避難，便會覺得「情況很危急」，自己也會跟著採取行動。然而，如果附近民眾沒有任何動靜時，便會擅自判斷「應該不要緊吧」。像這樣，面對群體所做出的行動，明明自己沒有表示贊同，卻**誤以為「除了自己以外的所有人都贊成該行動」的狀況**，稱為「**多數無知**」〔**圖❶**〕。除了自己以外還有其他人在場時就不會率先採取行動的「**旁觀者效應**」（➡P32），也屬於一種多數無知。

此外，災害發生時，「**正常化偏誤**」的心理也會對避難行動帶來一些限制。人為了維持穩定的精神狀態，**即使面臨毫無預警的事態，也會產生一種心理，將其視為屬於「正常範圍」**。這是因為每當發生未知的狀況便視為「緊急狀態」而做出反應，是沒辦法過好日常生活的。不過，發生突發性災害時，有時會因為正常化偏誤的心理而耽誤逃生的時間，務必要多加注意〔**圖❷**〕。

誤以為「不要緊」的心理

▶ 災害發生時的「多數無知」〔圖1〕

災害發生時，即便自己感覺到「危險」，有時也會因為周遭的反應而誤以為「不要緊」，延誤逃生避難的時間。

獨自一人時	**周遭採取避難行動時**	**周遭未採取避難行動時**
感覺到危險，立即避難。	感覺到危險，自己也隨之避難。	即便自己感覺到危險，如果周遭沒有人採取避難行動，就會誤以為「應該不要緊」。

➡這種狀態即為多數無知！

▶ 災害發生時的「正常化偏誤」〔圖2〕

由於「正常化偏誤」的影響，即使有緊急狀況發生，人往往也會將其視為屬於正常範圍，然而發生災害時，人若受到這種心理強烈的影響，就會延誤逃生避難的時間。

請各位盡快避難！

豪雨特報

正常化偏誤

◆面對未知的事情，會判斷該狀況屬於「正常範圍」。

◆刻意忽略對自己不利的資訊或低估情勢。

颱風造成豪雨不斷，即便已發布「豪雨特報」，仍有人認為「應該還不要緊吧」、「應該不至於淹水吧」而延誤逃生避難的時間。

75 為什麼毫無根據的
假訊息會廣為瘋傳？

[生活]

原來如此！ 忍不住跟別人分享的「卡里古拉效應」與擅自推測原因的「因果關係基模」為主要原因！

近年來，不少假訊息在社群網站或網路上瘋傳已成為一大問題。**為什麼毫無根據的謠言會廣為流傳呢**？

謠言之所以會擴散開來，是受到「**愈是被禁止的事情，就愈是想要嘗試**」的「**卡里古拉效應（Caligula Effect）**」所影響。當聽到對方說「這件事我只告訴你，不要說出去」，即便是毫無根據的內容，我們也會忍不住想說出去。這是當人的自由受到限制時就會想反抗的一種心理，稱之為「**心理抗拒**」（➡P74）。

人會相信假訊息，是受到「**確認偏誤**」（➡P93）的影響，也就是當人認為自己所想的是對的，就會去蒐集符合自己的價值觀或對自己有利的資訊。另外，即使自己對一個人的了解不深，也會受到「**因果關係基模（Causal schema）**」的影響，根據自身的知識或經驗擅自推測他人行為背後的原因。

除此之外，有些人明知是假訊息，卻還是會相信這些內容。舉例來說，「衛生紙即將停產」的假訊息廣為流傳時，有些人便會覺得「雖然我不相信假訊息，但一定有很多人會信以為真，所以還是趁缺貨前先買起來囤吧」。這是因為「**多數無知**」（➡P194）所帶來的行為，也會更加助長假訊息的擴散〔**右圖**〕。

▶ 謠言廣為流傳的原因

不實訊息之所以會傳開來，其實是各種因素交雜所造成的。而社群網站的發達，也讓假訊息變得更容易擴散。

卡里古拉效應

愈是被禁止的事情，就愈是想要嘗試的心理。

聽到對方說「這件事我只告訴你，不要說出去」，就會忍不住想說出去。

確認偏誤

只會蒐集符合自身價值觀的資訊，除此之外的訊息一概忽略。

人會相信自己認為正確無誤的社群網站消息，但會忽視不想相信的電視所提供的訊息。

因果關係基模

即使自己對一個人的了解不深，也會根據自身的知識或經驗擅自推測他人行為背後的原因。

偶然撞見某位藝人對店員發火的場面，明明不知道原因，卻自行判斷「原來那位藝人的脾氣很暴躁」。

多數無知

即使自己並不相信，卻認定周遭的人一定會相信，而跟隨大眾做出行動。

認為「假訊息廣為瘋傳，衛生紙一定會缺貨」的人，即使並不相信假訊息，也會跟著搶購衛生紙。

76 什麼樣的人會輕易相信陰謀論？

[生活]

原來如此！ 「虛幻真相效應」與「單純曝光原理」會讓人對假訊息信以為真！

　　舉例來說，有些人對「人類登陸月球是捏造的」這項**陰謀論深信不疑**，為什麼會有人相信這番言論呢？

　　容易相信陰謀論的人由於**「確認偏誤」**（➡P93）的作用，只會蒐集符合自身價值觀的資訊，也就是盡是蒐集有關陰謀論的訊息且深信不疑。除此之外，**「虛幻真相效應」**也會產生作用。這項效應指的是，即便是錯誤的資訊，在反覆接觸的過程中也會讓人開始信以為真的現象。這種心理跟反覆接觸後便會產生親近感的**「單純曝光原理」**（➡P78）相關，尤其是在社群網站上，因為總是看到同是陰謀論的人所發表的訊息，便會對這些消息信以為真〔**圖1**〕。

　　此外，即使是可信度很低的消息，**隨著時間經過，便會讓人忘了對消息來源的不信任感，對該消息的信賴度反而會提高**。這稱為**「睡眠者效應（Sleeper Effect）」**。一般而言，大約經過1個月後，人就會忘了「消息來源」，只記得「消息內容」。也因此，儘管社群網站上的消息可信度比報紙或電視還低，隨著時間還是有人會相信〔**圖2**〕。

　　以操弄民眾為目的的德國納粹黨宣傳部長戈培爾（Paul Joseph Goebbels）曾說過：**「謊言重複一百次就會成為真理。」**

「反覆接觸」與「時間」是關鍵所在

▶虛幻真相效應
〔圖1〕

對於熟知鰻魚這種生物的人來說，不管被灌輸多少次「鰻魚是新種昆蟲」的訊息，也不會相信。

原本就擁有正確知識的人，不會受到虛幻真相效應的影響。然而，當該資訊具有重要性且真假難辨時，在反覆接觸的過程中就會變得容易相信。

鰻魚跟梅乾搭配一起吃的話……

對身體不好……？

對於具有一定重要性的消息，當它被反覆轉傳後，相信的人就會變多。

▶睡眠者效應
〔圖2〕

起初人會相信消息來源可信度高的資訊，對消息來源可信度低的資訊則不予採信，但大約1個月後，消息來源可信度的差距，幾乎就不存在了。

可信度高的消息來源➡相信

甜蜜恩愛的銀色夫妻（電視、報紙）

感情真好！

約1個月後

淡忘消息來源，只記得消息內容

消息可信度下降

他們的感情這麼好嗎？

可信度低的消息來源➡不相信

真的假的？

有關老公外遇的網路消息

約1個月後

消息可信度上升

搞不好真的有偷腥！

77 [個人] 為什麼人會分享貼文、發文抒發心情呢？

原來如此！ 「想獲得認同」的「尊重需求」為主要原因。
具攻擊性的發文是受到「去個人化」的影響！

為什麼會有許多人在社群網站上發文、發推特或分享貼文呢？最主要的原因可歸結為**「想獲得他人認同」**的**「尊重需求」**。

馬斯洛的**「需求層次理論」**（➡P126）把人的需求劃分成5個層次，而尊重需求就是其中的一項。當自己的發文、訊息或轉貼的文章獲得別人按「讚」時，尊重需求就會獲得滿足。社群網站的確能讓人輕鬆地獲得他人的評價，但**當自己的貼文沒有得到他人回應時，便很容易感到不安或孤獨**。因此，有些人會為了獲得他人評價而頻繁地發文，甚至很有可能導致**「社群媒體成癮」**〔**圖1**〕。

使用匿名的人很多也是社群網站的特徵。**當人匿名時，便會引起自我規範意識下降的「去個人化」現象**，導致攻擊性變強，做出情緒化或衝動的行為〔**圖2**〕。這也是社群網站上充斥著**人身攻擊**言論的原因之一。

在社群網站上也很常見到抒發負面情緒的貼文或訊息。前面提到藉由**「宣洩效果」**（➡P178），將不安或憤怒等透過文字抒發會比較容易忘記。因此發表在社群網路上的負面情感，或許正呈現了無法對任何人訴說的內心傷痛。

「尊重需求」與「去個人化」

▶ 滿足個人尊重需求的社群網站〔圖1〕

社群網站上有一套滿足個人尊重需求的設計，像是「讚」、「留言」、「追蹤人數」等。

◆ 很多人按讚
◆ 很多人追蹤
◆ 很多人留言
◆ 很多人轉推

最近的反應不太好……

◆ 按讚數變少
◆ 留言變少

增加發文次數

尊重需求獲得滿足

導致社群媒體成癮

▶ 「去個人化」會導致攻擊性變強〔圖2〕

心理學家金巴多（Philip Zimbardo）曾透過模擬監獄實驗證實，人在匿名的情況下會變得心狠手辣（史丹福監獄實驗）。

假獄警　假囚犯

金巴多分別讓受試者扮演獄警與囚犯，假獄警戴墨鏡、穿制服，假囚犯則穿上囚服，並以編號稱呼。

隨著時間經過，假獄警對假囚犯的態度變得頤指氣使、充滿攻擊性，甚至毫不在乎地做出殘忍的行為。

少數派該怎麼做才能扭轉多數派的想法？

原來如此！ 採取「霍蘭德策略」利用領導者的影響力，或透過「莫斯科維奇策略」反覆提出主張！

由於人具有**「從眾」**（➡P46）心理，會配合周遭人的論調改變自身的意見，因此基本上多數派的意見會被優先採納。那麼，有什麼方法能讓少數派扭轉多數派的意見呢？

少數派的意見對多數派造成影響的現象，在心理學上稱為**「少數人的影響（minority influence）」**。想要引發此現象，**「霍蘭德策略」**是很有效的方法〔**圖1**〕。霍蘭德策略指的是，雖然隸屬於少數派，但過去曾對該團體**做出巨大貢獻的領導者，利用自身的影響力來說服多數派的方法**。像是締造數倍營收的明星員工等，集眾人信賴與尊敬於一身的領導者強烈呼籲時，多數派就會覺得「這個人說的話說不定是正確的」，因此很有可能改變原來的意見。

若少數派中沒有領導型人物時，則建議使用**「莫斯科維奇策略」**〔**圖2**〕。莫斯科維奇策略指的是，**沒有權力或沒有實績的少數派藉由反覆提出一貫的主張**，讓多數派覺得「搞不好是我們想錯了」，進而逐步瓦解多數派的方法。採取此策略時，全面否定多數派的意見會難以獲得贊同，重點在於闡述與多數派之間的共通點，藉此將爭議點明確化。

少數派扭轉多數派意見的方法

▶ 霍蘭德策略〔圖1〕

心理學家霍蘭德（Edwin P. Hollande）主張，在公司等團體中，擁有成就、集信賴與尊敬於一身的人，能發揮其影響力說服多數派。

霍蘭德的信賴累積理論

霍蘭德主張，能發揮領導力的人，應該透過下列3個步驟累積他人的信賴。

1 服從（compliance）
（遵守團體規範）

2 專業能力（competence）
（提升業績）

3 信用（credit）
（累積信賴）

▶「莫斯科維奇策略」實驗〔圖2〕

心理學家莫斯科維奇（Serge Moscovici）把受試者分成6人1組，讓其觀看36張明亮度各異的藍色投影片，再請他們回答究竟看到什麼顏色。

藍 藍 綠？

綠 藍 綠

暗樁 暗樁

6人中有2人是協助這項實驗進行的暗樁，他們刻意將36張投影片全回答成「綠色」。結果，其餘4位受試者不只一次回答「綠色」的機率為32%。

被少數派一貫的意見所影響！

79

[生活]

做出逼車行為的人是出於何種心態？

原來如此！ 由於「**敵意歸因偏誤**」強烈，這種人會**偏執地認為**對方的行為是出自敵意或惡意！

近年來，既擾人又危險的「**逼車行為**」已經成為一大問題。究竟會做出這種行為的人，他們的心理狀態為何呢？

一握住方向盤攻擊性就會變強，是受到「**去個人化**」（➡P200）與「**衣著效應**」（➡P22）的影響，不過，起因在於將對方的行為想成是出自敵意或惡意的「**敵意歸因偏誤**」之故。做出逼車行為的人會**將路上一般的車輛當成「自己的敵人」**〔**圖1**〕。

敵意歸因偏誤，說得更直白一點就是「**被害妄想**」、「**不信任他人**」。舉例來說，人潮擁擠而遭到他人碰撞時，敵意歸因偏誤強烈的人會反射性地認為「那個人是故意撞我的」，進而加深「想報復」對方的衝動。根據心理學家道奇（Kenneth Dodge）等人的調查結果得知，敵意歸因偏誤強烈的人容易做出攻擊行為，犯罪件數也明顯較多〔**圖2**〕。

造成敵意歸因偏誤的原因為「**認知扭曲**」，因此會感受到實際並不存在的敵意。據了解，容易受到敵意歸因偏誤影響的人，大多都曾受到父母虐待或遭受霸凌，亦或自我肯定感較低的人。換句話說，敵意歸因偏誤也可說是**為了保護自己的一種防衛反應**。

感受到敵意或惡意而「發飆」

▶ 做出逼車行為者的心理〔圖1〕

做出逼車行為者的心理會受到去個人化、衣著效應與敵意歸因偏誤所影響。

去個人化
因為對方看不清自己的長相而產生匿名效應，導致自我規範意識下降。

衣著效應
開車是鐵包人，所以會在無意識中將車子與自身重疊，態度也因此變得強勢。

敵意歸因偏誤
會將突然變換車道或慢速行駛的車輛當成「敵人」，而想展開報復。

▶ 面對敵意歸因偏誤的方式〔圖2〕

遇到敵意歸因偏誤強烈的人時，必須保持物理上的距離。若是家人或熟人，只能有耐心地慢慢消除他們的認知扭曲。

切勿試圖講道理
產生敵意歸因偏誤的人，並非出於誤解，而是產生認知扭曲，如果硬要跟對方講道理，只會讓彼此之間的對立加劇。

只管聆聽就好
先把自己的意見放在一邊，站在對方的立場靜靜地聆聽，盡可能去理解對方，讓對方明白自己並沒有敵意。

80 [個人] 從逆境中重新站起的力量？何謂「心理韌性」

原來如此！ 「心理韌性」是克服逆境的**成長力**！
提高「**抗壓性**」相當重要！

人生活在這世上，每個人都有自己要面對的問題與壓力。有些人會被困難或逆境擊倒，因而感到灰心喪志。近年來在心理學的世界，將**克服困境重新站起來的成長能力稱為「心理韌性（resilience）」（適應力、復原力）**，強化心理韌性的研究也在向前推進。心理韌性強的人喜歡「**追求新奇**」，勇於接受挑戰；懂得「**情緒調節**」，可以控制自己的負面情緒；具備「**正面積極，放眼未來**」的想法，能為了將來的目標而努力〔**圖1**〕。

想要強化心理韌性，就必須**提高「抗壓性」**。要順利排解壓力，首先最重要的就是要養成運動習慣。因為運動能促進血清素與腦內啡等神經傳導物質分泌，有助於保持穩定的精神狀態。

進行「**壓力預測**」，提前預想可能會產生壓力的狀況也很有效。舉例來說，必須處理自己不擅長的工作時，提前預想「今天應該會很煩躁」，就比較容易承接壓力。利用「**重新框架（reframing）**」的方法轉換觀點，將負面想法轉換成正面思考也很有幫助。例如，失敗時不要因為覺得「自己很沒用」而感到沮喪，而是要想成「這是讓自己成長的機會」〔**圖2**〕。

從逆境重新站起來的「強韌心理」

▶「心理韌性」強的人〔圖1〕

遇到困難的時候，任何人都會產生負面情緒，陷入
沮喪的狀態。然而，心理韌性強的人能夠立刻重新
振作。

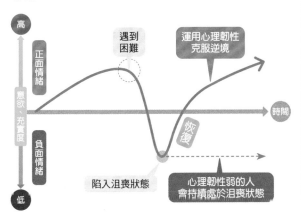

**心理韌性強的人
所具備的**

3項特質

追求新奇
勇於追求新事物的挑
戰精神。

情緒調節
可以控制負面情緒的
能力。

**正面積極，
放眼未來**
能對未來抱持樂觀希
望而努力。

▶ 減輕壓力的技巧〔圖2〕

想要強化心理韌性，重要的是不要累積壓力，要適時地排解壓力、減輕心理
負擔。

壓力預測

事先預測
可能引發
壓力的情況！

假日開車兜風時，在出發前先預想「今天
可能會塞車」，實際遇到塞車時壓力就會
減輕。

重新框架

改變觀點，
將缺點變優點！

工作期限逼近時，不要覺得「只剩1個月
的時間」而感到焦慮，而是要正向思考，
想成「還有1個月的時間」。

Q 當人的感覺被剝奪時，最多能忍耐幾天？

| 1天 | or | 6天 | or | 10天 | or | 100天 |

我們會使用眼、耳、鼻、舌、皮膚等感覺器官，透過視覺、聽覺、嗅覺、味覺、觸覺等五感來認識世界。當人處於五感被剝奪的狀態下，究竟能忍耐多少天呢？

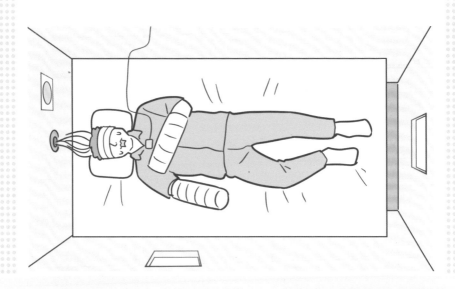

　　心理學家赫倫（Heron）曾進行一項實驗，**調查人在感覺被剝奪時會呈現何種狀態**。在這項實驗中，受試者必須戴上**眼罩**（為半透明的塑膠材質，可透光但無法看見任何東西）、**耳塞**，雙手則是套上**紙筒**。接著他們被送入經過隔音處理的單人房，除了用餐和如廁之外，只能躺在柔軟的床鋪上。實驗的過程報告則是透過設置於房間內的麥

克風進行。

　　沒辦法做任何事的受試者們，起初睡得很香甜，但醒來後卻感到渾身不對勁。這樣的狀態持續2天後，受試者們**開始自行製造刺激**，像是自言自語或是吹口哨等等。接下來，有些人出現思考能力下降、身體不舒服的狀況。超過3天後，受試者開始**出現幻聽、幻覺、妄想等症狀，幾乎所有的受試者都決定退出實驗**。忍耐最久的人，紀錄為6天。

　　實驗結束後，赫倫對受試者進行了計算、方向感、邏輯等測驗，結果所有人的能力均明顯下滑。透過這個實驗可以得知，**人要維持正常的感覺，富於變化的適度刺激（壓力）是不可或缺的**。

　　另外，以人工方式模擬感覺剝奪狀態的**「漂浮艙」**〔**下圖**〕，有時會被用於心理療法，藉此讓人達到放鬆的目的。然而，並不能保證漂浮艙絕對有效。

漂浮艙（Isolation tank）

裝置內充滿高濃度的鹽水，人漂浮在水面上時，處於接近無重力的狀態。關上艙門後，聲音與光線會被完全阻隔。

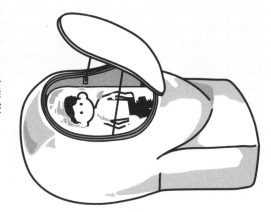

81

[個人]

為什麼人會為自己找藉口？

原來如此！ 由於「自我設限」，
即便失敗了也還能保有自尊！

　　各位是否曾經在考試前說出「我完全沒有準備」的藉口呢？像這樣，**在還沒著手進行之前便先為失敗找理由的現象，在心理學上稱為「自我設限（self-handicapping）」**。這是一種保護自己不受內心糾葛或痛楚傷害的「防衛機制」（➡P66），特徵是會在無意識間表現出來，以及試圖轉嫁責任等。

　　自我設限又可分為**「取得性自我設限」**與**「宣稱性自我設限」**。取得性自我設限就好比在考試前一天打電動打到深夜等等，**自行製造失敗的原因**。宣稱性自我設限則是在考試前故意說「我今天身體不舒服」等等，屬於一種**透過向周遭提出自己的說詞，以操作自我印象的「自我呈現」**（➡P80）〔**圖1**〕。

　　自我設限**能讓人在失敗時為自己找理由，保護自尊心不受傷害**。相反地，成功時，則能讓人提升對自己的評價。然而，如果一直不願正視失敗的原因，就會失去上進心與挑戰精神，距離成功愈來愈遠。為了避免這樣的狀況發生，利用**「自我實現預言」**（➡P154），宣示自身的夢想或目標也不嘗為一個好方法〔**圖2**〕。

對自己與對周遭「找理由」

▶「自我設限」有2種〔圖1〕

在結果出來前便先「找理由」的自我設限，可大略分為2種類型。

取得性自我設限	宣稱性自我設限
製造失敗理由！	對周遭說出藉口！
在考試前一天花時間打掃房間等等，做出對自己不利的行為。	對周遭強調不利自己的情況，像是「我昨天好忙，沒時間念書」等等。

▶ 克服「自我設限」的方法〔圖2〕

自我設限心理太強時，便會讓人無法面對現實，可能會導致成功率下降、周遭對自身的評價變差等情況。

透過自我實現預言來克服

告訴自己「我能做到」再採取行動，比較容易達到預期的結果，因此對周遭宣示自己的目標是相當有效的方法。也可以將目標寫在紙上張貼於牆壁。

透過設定符合現實的目標來克服

當目標過高而無法達成時，人會因為下定決心「下次再努力」便感到滿足（錯誤願望症候群，False-Hope Syndrome）。為了避免這種情況，應該設立可達成的目標。

從夢境能看出你的心？
淺談「夢的解析」

你所做的夢大多是愉快、開心的場景？還是多半為不愉快、可怕的情境？從夢境內容可以看出一個人的心理狀態。

測驗結果

◆ 夢見愉快、開心的夢

➡ 現實生活中有很多願望無法實現的人

◆ 夢見不愉快、可怕的夢

➡ 害怕失去現實生活中的幸福的人

〔解説〕

　人之所以需要睡覺，是因為大腦每隔一段時間就必須進行適當的休息。而睡眠又可分為**深眠期（非快速動眼期）**與**淺眠期（快速動眼期）**，兩者以大約90分鐘為間隔反覆交替進行〔**下圖**〕。當人進入非快速動眼期時，身體與大腦皆處於休息狀態；進入快速動眼期時，**身體雖然在休息，大腦卻處於活動的狀態**。而在睡眠中**夢到的清晰「夢境」**，則是發生在快速動眼期。

快速動眼期與非快速動眼期

人在非快速動眼期也會做夢，但通常是片段且模糊不明的內容。

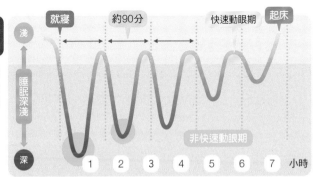

　佛洛伊德認為**潛意識的性需求**會展現在夢中，因此很注重**「夢的解析」**；榮格則將夢解釋為原型（ ➡ P104）對意識發出的訊息，不過，現在的臨床心理學已不太進行夢境的分析了。人會做夢的原因至今仍舊眾說紛紜，近年來備受矚目的假說是，「人之所以會做夢，是因為整理白天所接收到的龐雜資訊」。

　在夢中實現了現實中無法成真的願望，在心理學上稱之為**「補償夢」**，一般認為需求未獲得滿足的人，便會透過夢境來實現自身的願望。反之，**夢到不愉快或可怕的夢則稱為「逆補償夢」**，對現實感到滿足的人就會做這類型的夢。也就是說，我們會透過做夢確認現實中的幸福，醒來後則會對出現在夢中的不祥事態有所防備。**無論哪一種夢境，據說皆具有淨化心靈的作用**。

82
[基礎]

男女心理
大不同？

**原來
如此！** 男女在心理上並未存在明確的差異，
但男女的性別差異會對心理造成影響！

　　一般而言，「女性同時處理多項事務的能力比男性強」、「女性的情感表現較男性豐富，共感力也比男性高」。有一說認為，造成這些現象的原因與「連結**左腦**（語言、計算能力）和**右腦**（空間認知能力）的**胼胝體**（神經纖維）有關，由於女性的胼胝體比男性的大，因此能同時處理較多的資訊」。然而，無論是大腦還是胼胝體，瞬間傳送大量資訊的能力與其形狀大小並無關聯，因此，**腦的形狀大小會對個人能力與情感造成影響的主張，在近年則備受質疑**。

　　透過各種心理實驗已釐清，男女在心理上並未存在明確的差異。情感豐富、共感力高的男性也比比皆是。大家總愛說**「因為是男人所以⋯⋯」**、**「因為是女人所以⋯⋯」**，但這些幾乎都是毫無根據的說法〔**圖1**〕。

　　然而，男女的**性別差異**的確會對心理造成影響。男性出自繁衍健康後代的本能，會偏好尋找年輕又健康的女性，而女性在育兒時期必須有後援，因此會傾向尋找經濟充裕的男性。

　　此外，研究資料顯示，女性在**月經**（生理期）來臨前**荷爾蒙**的分泌量會減少，因此**情緒會變得不穩定**〔**圖2**〕。這也是對男女心理帶來影響，形成差異的主因之一。

理解男女之間的差異

▶ 被誇張化的男女心理區分〔圖1〕

一般認為，男性與女性在心理上存在著差異，但這些觀點幾乎都是將性別差異調查結果加以誇張的說法。

男性
- 邏輯性思考
- 有壓力時會變沉默
- 重視結果
- 談話應有明確的意義與目的
- 具有攻擊性

女性
- 直覺式思考
- 有壓力時會想要說出來
- 重視過程
- 希望對方能對自己的話產生共感
- 具有防衛心

▶ 月經所帶來的心理影響〔圖2〕

女性荷爾蒙（雌激素）的分泌量會隨著月經週期而大幅變化，並對女性的精神狀態帶來巨大的影響。

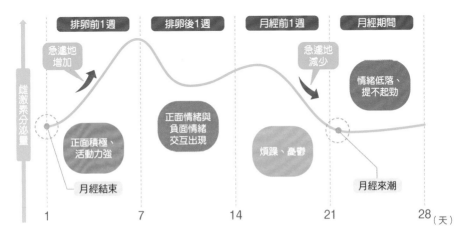

排卵前1週　排卵後1週　月經前1週　月經期間

急遽地增加

急遽地減少

雌激素分泌量

月經結束

正面積極、活動力強

正面情緒與負面情緒交互出現

煩躁、憂鬱

月經來潮

情緒低落、提不起勁

1　　7　　14　　21　　28（天）

知識不嫌多！
心理學用語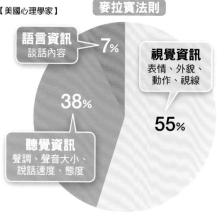

由於正文篇幅有限，因此另闢本單元針對心理學用語進行補充說明。盼能加深各位對心理學的理解。

1「維特效應」

簡單來說就是… 自殺新聞會助長自殺潮！

研究者 大衛・菲利普（David Phillips）【美國社會學家】

歌手、女演員
○○○小姐
35歲

自殺身亡!!

「維特效應」指的是，名人的自殺新聞會連帶引發自殺者增加的現象。該效應的特徵是年輕人很容易受到影響，而且自殺者會選擇以同樣的方式或在同一地點輕生。維特是歌德的小說《少年維特的煩惱》裡的主角，最後以自殺結束生命。當時甚至有許多年輕人模仿維特自殺。

2「麥拉賓法則」

簡單來說就是… 非語言溝通很重要！

研究者 艾伯特・麥拉賓（Albert Mehrabian）【美國心理學家】

人在溝通互動的過程中，會先透過外貌或表情、動作等「視覺資訊」對對方產生好感，接著會以聲調或說話態度等「聽覺資訊」進行判斷。談話內容等「語言資訊」則不太受到重視。麥拉賓主張，人對這3項資訊的重視度分別為，視覺55%、聽覺38%、語言7%（麥拉賓法則）

麥拉賓法則

語言資訊
談話內容 7%

視覺資訊
表情、外貌、動作、視線

38%

聽覺資訊
聲調、聲音大小、說話速度、態度

55%

3 「職業倦怠」

簡單來說就是… 能量用盡而失去動力！

研究者 ▶ **赫伯特・弗洛伊登伯格**
（Herbert Freudenberger）【美國心理學家】

這指的是具有強烈的使命感與責任心，為工作賣力付出的人，因身心極度疲勞而突然喪失動力的情況，也被稱為「燃燒殆盡症候群」。過去此情況常見於醫療、社福人員及教師，現在則散見於各職業。這屬於憂鬱症的一種，不過絕望感或失落感往往會比一般的憂鬱症更為強烈。

職業倦怠的症狀

◆ **情緒耗竭**
極力配合對方的各種要求，因而在工作上過度消耗情緒資源，逐漸感到力不從心、筋疲力盡。

◆ **人格解體**
這是一種防止情緒資源耗竭的自我防衛反應，會對對方展現出既無情又冷血的應對態度。

◆ **個人成就感低落**
原本透過工作等所獲得的自我肯定感與成就感急遽地降低，轉而產生絕望感或失落感。

4 「刻板印象」

簡單來說就是… 深植於許多人心中的既定成見！

研究者 ▶ **沃爾特・李普曼**（Walter Lippmann）【美國記者】

刻板印象指的是，很多人在無意識間所抱持的先入為主或既定成見，特徵在於內容往往會被過度簡化。鞏固與強化刻板印象的兩大機制為，只注意到符合自身預想與信念的事物並加以記憶的「選擇性知覺」，以及將不符合自身認定的事物視為例外的「次類別化（subtyping）」。

選擇性知覺

抱持著「女性就是喜歡粉紅色」的刻板印象的人

看見身上穿著粉紅色服裝的女性時就會覺得「女性果然就是喜歡粉紅色」。

次類別化

看見身穿藍色服裝的女性時就會覺得「這位女性還真特別」，將其視為例外。

5 「社會困境」

簡單來說就是… 個人利益與社會利益有衝突！

研究者 ▶ 加勒特・哈丁（Garrett Hardin）【美國生物學家】

這指的是在社會中，個人做出對自己有利的選擇時，卻對社會造成不利結果的狀況。舉例來說，各農家為了追求自己的利益而在共用放牧地增加飼養的家畜數量，結果卻導致牧草不足，大家只好一起喝西北風的窘境（共有地悲劇）。其他例子像是一群人聚餐時，事先說好「今天的費用平均分攤」，所有人因此狂點昂貴的料理，結果導致餐費飆升（平均分攤困境）。

共有地悲劇

大家皆遵守適度使用的規則時，便能維持共有地資源，但是當為了謀求自身利益而過度使用的人變多時，共有地就會變得貧瘠，每個人所能得到的利益也會變少。

社會困境事例 ◆路邊違規停放汽車、腳踏車 ◆道路壅塞 ◆環境問題 等

6 「捷思法」

簡單來說就是… 透過先入為主的觀念導出答案的思考方式！

研究者 ▶ 丹尼爾・康納曼（Daniel Kahneman）、阿莫斯・特沃斯基（Amos Tversky）
【兩人皆為美國心理學家】

相對於「演算法（algorithm）」這種使用計算等手法的邏輯性思考方式，根據有限的資訊，憑藉經驗或直覺來進行判斷的方法稱為「捷思法」。捷思法是行為經濟學（➡P130）的基礎理論，還可分為與刻板印象比較後進行判斷的「代表性捷思法（Representative Heuristic）」，以及倚賴較易得手的資訊來進行判斷的「可得性捷思法（Availability Heuristic）」。在資訊氾濫的日常生活中，捷思法可謂相當實用的方法，但在做判斷時也會犯下嚴重的錯誤。

代表性捷思法

當某人物具備代表某團體的特質時，便會認為該人物隸屬於此團體。像是看到身高很高的人時，就會覺得對方很會打籃球等。

可得性捷思法

指人會將最容易想起來的資訊當成優先的判斷依據來做決定。像是在超市猶豫該買哪項產品時，會選擇曾看過廣告的商品等。

218

7 「語言遮蔽效應」

簡單來說就是… 語言會妨礙記憶！

研究者 喬納森・斯庫勒（Jonathan Schooler）
【美國心理學家】

這指的是透過語言來記憶，反而妨礙到非語言記憶的情況。舉例來說，透過研究已得知，藉由「鼻子很挺」、「眼睛很大」等語言描述方式來記住他人長相特徵的效果，比單靠印象記個大概還來得差。在紅酒的品酒實驗中，也能看見味覺與嗅覺受語言遮蔽效應影響的情況。

眼睛很大

鼻子很挺

下巴尖尖的

嘴唇很厚

將一個人的五官特徵用語言描述時，對長相的記憶反而會變得模糊。

8 「武器聚焦效應」

簡單來說就是… 恐懼會導致記憶力下降！

研究者 伊莉莎白・羅芙特斯（Elizabeth Loftus）
【美國心理學家】

根據實驗結果顯示，被恐懼情緒籠罩的被害者中，大約只有15%能正確辨識凶嫌的特徵。

在犯罪現場目睹手持凶器的嫌犯時，目擊者的注意力會集中在凶器上，導致有關嫌犯的長相或服裝等資訊失真的現象。這亦稱為「視野狹窄（tunnel vision）」。一般認為這是因為強烈恐懼所造成的壓力，使得目擊者的注意範圍變窄所引起的。因此一般來說，目擊證詞會被視為可信度低的證據，也有可能會造成冤案。

9 「鏡像效應」

簡單來說就是… 對方是映照出自己的鏡子！

研究者 尤里・布朗芬布倫納（Urie Bronfenbrenner）
【美國心理學家】

這是指自己對對方所產生的情緒或想法，會如實地反映在自己身上，對自身造成影響的現象。明明是自己討厭對方，卻認為是對方討厭自己，像這樣的心理反應會導致負面情感節節升高。反之，向對方展現出正面情感時，就能帶來正面的結果。

為夥伴加油打氣時，會因為鏡像效應而使自己產生正面情感。

10 「延續效應」

簡單來說就是… 問題的順序會影響答案！

這是長久以來便被廣泛應用的調查理論效應，指的是透過問卷答題等方式進行調查的時候，其中一道問題會對後續題目的作答產生影響的現象。為了避免延續效應，必須調整題目順序、在前後安插沒有關聯的問題等等。

延續效應的範例

前一道問題會誘導答題者在下一題回答「贊成」。

問題 1　你是否知道日本財政赤字已使國家陷入債務危機？

質問 2　你贊成或反對消費稅增稅？

11 「樂隊花車效應」

簡單來說就是… 想跟上流行！

研究者 哈維・萊賓斯坦（Harvey Leeibenstein）【美國經濟學家】

這是指當許多人支持某項選擇時，又會吸引更多人一起支持的現象。當社會流行某項事物時，便認定該事物「有價值」，這屬於一種「從眾」（➡P46）心理。相對於此，偏好做出與他人不同選擇的心理則稱為「虛榮效應」。當自己擁有的東西比他人的東西更貴時，就會覺得愈有價值的心理稱之為「韋伯倫效應」。

樂隊花車效應

「不想自己跟不上流行」的心理。很多人都有時，自己也會想擁有。

虛榮效應

「趕流行很遜」、「想擁有跟其他人不一樣的東西」的心理。

韋伯倫效應

透過擁有比別人更高價的物品，得到更高的滿足感。

12 「溫莎效應」

簡單來說就是… 口碑能增加信賴感！

相較於直接得知的訊息，從第三者間接得知的資訊會令人更加信服的現象。這是一種當消息來自毫無利害關係的對象時，便會令人感到信服的心理，與其透過企業為自家商品做宣傳，還不如藉由消費者口碑，更能帶出熱賣的效果。

看到電視廣告宣傳商品的品質有多好時，並不會盡信。

看到網路上的口碑與評分皆高時，就會願意相信。

13 「史楚普效應」

簡單來說就是… 字的字義與顏色會互相干擾！

研究者 ▶ 約翰‧史楚普（John Ridley Stroop）【美國心理學家】

這是指文字所代表的意義與文字的顏色同時進入眼中時，這2項資訊會互相干擾的現象。舉例來說，回答顏色時，以藍色墨水寫成的「紅」字，在理解上會比以紅色墨水寫成的「紅」字更花時間。

史楚普效應的範例 由左依序念出A列與B列文字的「讀音」與「顏色」時，B列會花比較多的時間。

A列 紅 藍 黃 綠 黑 棕

B列 紅 藍 黃 綠 黑 棕

索引

參考文獻

《イラストレート心理学入門 [第3版]》齊藤勇著（誠信書房）

《図解 心理学用語大全 人物と用語でたどる心の学問》齊藤勇監修・田中正人編著（誠文堂新光社）

《面白いほどよくわかる！「男」がわかる心理学》齊藤勇監修（西東社）

《図解 使える心理学大全》植木理恵著（KADOKAWA）

《ニュートン別冊 ゼロからわかる心理学 知れば知るほど面白い！心と行動の科学》（Newton Press）

《世界最先端の研究が教える すごい心理学》內藤誼人著（綜合法令出版）

《世界最先端の研究が教える もっとすごい心理学》內藤誼人著（綜合法令出版）

《図解 身近にあふれる「心理学」が3時間でわかる本》內藤誼人著（明日香出版社）

《眠れなくなるほど面白い 図解 社会心理学》亀田達也監修（日本文藝社）

《決定版 面白いほどよくわかる！心理学 オールカラー》渋谷昌三著（西東社）

《マンガでわかる！ 心理学超入門》ゆうきゆう監修（西東社）

《「なるほど！」とわかる マンガはじめての心理学》ゆうきゆう監修（西東社）

《教養としての心理学101》心理學用語集psychoterm監修（デルタプラス）

《生きづらさはどこから来るか 進化心理学で考える》石川幹人著（筑摩書房）

《友達の数は何人？ダンバー数とつながりの進化心理学》Robin Dunbar著（Intershift）

監修者 齊藤 勇

文學博士。立正大學名譽教授、日本商業心理學會會長。早稻田大學研究所文學研究科博士班畢業。主要專業領域為人際關係與社會心理學。曾擔任電視節目《衝啊！心理學》（日本電視台）的監修顧問與講評者，帶動心理學熱潮。著作有《圖解 心理分析養成班》（三笠書房）、《圖解雜學 從外表看個性的外貌心理學》（ナツメ社）、《插畫心理學入門》（誠信書房）等（以上書名皆為暫譯），著作與監修的書籍繁多。

＜日文版工作人員＞

插圖	桔川 シン、堀口順一朗、栗生ゑゐこ
設計	佐々木容子（カラノキデザイン制作室）
編輯協助	浩然社

ILLUST & ZUKAI CHISHIKI ZERO DEMO TANOSHIKU YOMERU!
SHINRIGAKU supervised by Isamu Saito
Copyright © 2021 Kozensha
All rights reserved.
Original Japanese edition published by SEITO-SHA Co., Ltd., Tokyo.

This Traditional Chinese language edition is published by arrangement with SEITO-SHA Co., Ltd., Tokyo in care of Tuttle-Mori Agency, Inc.

圖解有趣的生活心理學
零概念也能樂在其中！真正實用的心理學知識

2022年4月1日初版第一刷發行
2023年6月1日初版第二刷發行

監 修	齊藤 勇	
譯 者	陳姵君	
主 編	陳正芳	
發 行 人	若森稔雄	
發 行 所	台灣東販股份有限公司	
	＜網址＞http://www.tohan.com.tw	
法律顧問	蕭雄淋律師	
香港發行	萬里機構出版有限公司	
	＜地址＞香港北角英皇道499號北角工業大廈20樓	
	＜電話＞（852）2564-7511	
	＜傳真＞（852）2565-5539	
	＜電郵＞info@wanlibk.com	
	＜網址＞http://www.wanlibk.com	
	http://www.facebook.com/wanlibk	
香港經銷	香港聯合書刊物流有限公司	
	＜地址＞香港荃灣德士古道220-248號	
	荃灣工業中心16樓	
	＜電話＞（852）2150-2100	
	＜傳真＞（852）2407-3062	
	＜電郵＞info@suplogistics.com.hk	
	＜網址＞http://www.suplogistics.com.hk	

ISBN 978-962-14-7421-6

TOHAN